우리는 행복을 함께
　　써 내려가는 중입니다

박지연 작가의 행복 지침서

"사소한 행복일지라도 소중히 다룬다면,
어둠 속에서 우릴 위해 반짝여 줄 거야."

프롤로그

가끔 이런 생각이 들었다.

"지금까지 잘 살아온 걸까?"
"나는 과연, 내 삶에 최선을 다하고 있는 걸까?"

누구나 그렇듯,
나도 처음엔 좋아하는 것도, 잘하는 것도 없었다.
그저 남들처럼 살면 되는 줄 알았다.

무난하게, 평범하게,
조용히 살아왔던 시간들.

그러다 우연히 '캘리그라피'라는
작은 취미를 만났다.

종이 위에 감정을 담아 글씨를 쓰는 그 시간이
내 마음의 공백을 채워주었고,
잃어버린 감정들을 하나하나 되살려 줬다.

그저 좋아서 시작했던 일이,
이제는 나를 설명하는
가장 따뜻한 언어로 빚어졌고
나를 살아가게 하는 이유가 되었다.

아무도 없는 밤,
하루의 끝에서 마주한 나의 마음을
한 줄, 두 줄 써 내려가다 보면
나도 모르게 위로받는 기분이 들었다.

굳어진 마음에 조금씩 피어난 하나의 희망,

"나의 이 작은 위로가,
누군가에게도 가만히 닿을 수 있다면 좋겠다."

이번 책에는 어느 날의 나처럼 조금 지친 마음들,
발걸음을 멈춰 선 사람들,
무언가 애쓰고 있는 모든 이들에게 전하고 싶은
조용한 응원의 문장들을 모았다.

무거운 짐을 가볍게 내려두고
잠깐이라도 따뜻한 숨을 쉴 수 있기를.
당신의 하루에 작은 쉼표 하나가 되어주기를.

우리 모두는 때론 잠시 흔들릴지언정
충분히 잘 살아내고 있으니까.

마음이 힘든 모두에게 전합니다.

"잠시, 쉬어가도 괜찮아."

너의 하루에
따스한 위로가
잔잔으로 남아
오늘도 힘이 되기를

jiyeon
25.09.04

차례

Ⅰ. 무너지지 말자, 나를 다독이는 말들

오늘도 네가 행복했으면 해	16
나름대로 괜찮은 날	18
이 정도면 잘 흘러간 하루	19
천천히 괜찮아지는 중입니다	20
무너지지 말자, 지금도 잘하고 있어	22
내 행복은 내가 정하는 거야	26
욕심 없이 세상을 바라보는 법	28
묵묵히 걸어도 괜찮아	29
보이는 모습이 다가 아니라는 것을	32
잠시, 멈춰도 괜찮아	36
가끔은 쉬어가자	38
우리는 그래도 됩니다	40
감정을 숨기지 않아도 괜찮아	44
오늘도 잘 버텼으니까	46
마음이 지칠 때 필요한 시선	50
나를 구하는 다섯 가지 약속	54
너는 충분히 잘하고 있어	57
쉼의 방식	60
건강과 행복	63

II. 천천히, 그러나 분명히 나아가는 중

불안의 파도 속에서도	66
제자리걸음이어도 괜찮아	68
함께 걷는 오르막길	72
나 자신을 위로하는 방법	73
오늘도 잘 견뎌줘서 고마워	74
오늘도 나에게 다정할 것	76
지친 마음에 작은 쉼표 하나	80
햇살 한 줌, 커피 한 잔, 그리고 나	82
행운처럼 찾아온 작은 행복	84
나를 위해 실천해야 할 것들	85
잘 지내라는 말 한마디의 의미	86
오늘이 마지막이라면	88
조금 늦어도 괜찮아	92
나, 잘하고 있는 걸까?	96
잔잔한 행복을 모아	99
오늘도 건강하게 잘 살았다	100
건강을 챙기는 일은 나를 사랑하는 일	104
가장 젊은 오늘을 남기며	108

III. 함께라는 이유로 반짝이는 하루

사랑은 결국 다정함의 또 다른 이름	114
우리의 속도가 닮아가는 순간	116
너와 함께라서 더 좋은 오늘	120
우리의 향기로 물들어 가는 시간	122
같이 걷는 봄길, 그 이름만으로도 따뜻해	124
너와 함께라는 이유만으로	126
풀 내음 사이, 너를 닮은 말들	128
너와 함께여서, 오늘도 빛나는 하루	130
웃음 가득한 하루	133
사랑이 머무는 순간들	136
내가 바라는 너의 모습은	138
작은 쉼, 그리고 큰 위로	140
천천히, 그러나 꾸준히	143
작은 응원이 큰 힘이 되기를	144
너와 함께여서 더 특별했던 순간	148
너의 하루 일과의 끝자락에서	152
웃음이 머무는 집	156

Ⅳ. 오늘의 나도 충분해

좋은 사람이기를	160
작은 달콤함이 주는 위로	162
오늘을 견디는 이유	166
힘들면, 잠시 쉬어가도 괜찮아	168
공허한 날, 나를 안아주는 습관	170
모든 날이 정답일 수는 없어도	172
기분 좋은 날의 조각	174
스스로에게 전하는 응원의 한 줄	176
오늘도 너를 응원해	178
그 정도면, 충분하다.	180
느좋한 하루, 나를 위한 시간	182
나 자신이 가장 큰 응원자야	184
소소한 봄, 그 속에 피어난 웃음	186
잠시 멈춤이 전해준 것들	188
오늘, 꼭 최선을 다하지 않아도 괜찮아	190
네가 꾸준히 행복했으면 좋겠다.	192
고요한 밤, 스스로 다독이는 편지	195
서른이라는 계절이 알려준 것들	196
딸아, 인생엔 정답이 없단다	200
결국엔, 기어코 행복해질 거야	204
오늘을 잘 살아낸 우리에게	206

Ⅰ. 무너지지 말자, 나를 다독이는 말들

오늘도 네가 행복했으면 해

내가 잘하고 있는 게 맞는 건지 의심이 들 때,

'지금처럼만 해도 된다고',
'이미 충분하다고'
스스로를 다독여 줬으면 좋겠어.

소소한 말일지 몰라도
봄바람 같은 안정감이
지친 마음을 포근하게 감싸안을 테니까.

이제 덜 힘들기 위해 행복을 좇으려 하지 말고
곁에 있는 행복부터 찾아보자.

평범한 일상 속에 숨어 있는
작은 행복의 가치를 눈여겨 봐주고,
가끔 웃을 수 있던 모습을 유지하기만 해도
지금보다 더 나아질 거야.

고스란히 받아들일수 있는 행복을 통해
오늘도 네가 걱정 없이 지냈으면 좋겠어

나름대로 괜찮은 날

평범하게 사는 게 가장 어렵다는데,
내게 있어 '평범함'이란
남들과 비교하지 않고 나대로 살아가는 것,
사소한 즐거움을 추구함으로 행복해지는 것이다.

온전한 나만의 시간을 보내고,
가끔은 멍 때리며 아무 생각 없이
하루를 보내는 것만으로도 좋으니까.

따듯한 커피 한 잔을 마시고,
주변 사람들과 가벼운 담소를 나누며
내게 주어진 시간을 잘 사용하는 것,

행복하기 위해 최선을 다하지 않아도,
은은하게 번지는 다정함도 나름 괜찮은 날.

이 정도면 잘 흘러간 하루

지나간 하루를 되돌아보며 생각에 빠지곤 해.

'나는 오늘 어떤 삶을 살았는가.'

늘 해오던 반복적인 일과 함께
어제와 똑같은 일상을 무탈하게 지냈음에도
'오늘 하루도 잘 살았다, 이 정도면 충분해'
만족하는 하루 -

행복의 기준은 누구나 다르지만
네 행복의 기준은
오롯이 네가 중심이었으면 해.

뻔히 흘러가는 일상 속,
우연히 피어난 작은 미소가
비로소 행복이 될 테니까.

천천히 괜찮아지는 중입니다

나는 최선을 다해 노력했으니
기필코 잘되어야만 한다는 마음에 압박되었다.

동시에 성공에 대한 욕심마저 깊어져
실수할 때면 자책도 잦아졌다.

'나만 왜 잘 안될까.'
'나는 언제쯤 성장할까.'

지나가는 밤마다 오가는 수많은 걱정은
고개를 들춰도 보이지 않을 만큼 쌓였다.

지친 손을 꽉 쥐고 바랐다.
'걱정이 없어서 걱정이 없으면 걱정도 없겠네.'

이젠 더 이상의 풀어지지 않는
걱정을 끌어안지 않기로 다짐했다.

노력에 대한 결실은 시기가 늦더라도
반드시 맺어질 테니까.

하는 일이 잘 풀린다고 해서,
마냥 행복해지는 건 아니니까.

억지스러운 행복보다,
자연스레 찾아오는 행복이
나에게 더 큰 힘이 될 거라는 믿음 속에
나는 기꺼이 다시 힘내기로 했다.

무너지지 말자, 지금도 잘하고 있어

지나온 인생의 길은
한없이 가파른 언덕길이었다.

열심히 걷다가도
제풀에 지쳐 무너지는 날들이 많았다.

'남들은 앞만 보고 쭉쭉 나아가는 것 같은데
나는 왜 이리도 제자리일까.'
스스로를 탓하고, 원망했다.

함께 경쟁하던 친구는
원하던 시험에 합격하고 제 자리를 찾아갔다.

그 친구가 조심스럽게 건넨 말,

"운도 실력 아닐까?"

그래, 맞는 말이지.
운도 실력이라면
나는 실력이 조금 부족했던 걸까.
아니면 아직 기회가 닿지 않았던 걸까.

원하던 바람과는 자꾸만 멀어져만 갔고,
그럴수록 점점 작아지는 나를 마주하게 되었다.

그래도, 포기할 수 없었다.
한 가지에 집중하며
최선의 삶을 살아온 내게
작은 희망이라도 건네고 싶었으니까.

그래서 매일 되뇌었다.

"무너지지 말자. 지금처럼, 이대로만 조금만 더."
"노력은 절대 배신하지 않으니, 일부러라도 웃어보자."
"기운 내자, 할 수 있다."

나는 내게 주문을 걸었다.
지칠 때마다 스스로를 다독이기 위해
응원의 메시지를 써 내려갔다.

아주 작은 희망일지라도
나에게 다가오고 있다는 걸 믿으며,
오늘도 나만의 길을 향해
한 발 한 발 나아간다.

"지금도 충분히 잘하고 있어.
그러니 오늘도 무너지지 말자."

너의 하루를 단단히 응원한다

너의 하루, 오늘도
무사히 지나간다

내 행복은 내가 정하는 거야

'행복을 강요하지 마.
내 행복은 내가 정해.'

나는 매일 스스로 다짐한다.

남의 시선에 흔들리지 않기.
남과 비교하며 스스로를 괴롭히지 않기.
모든 걸 완벽하게 해내야 한다는 부담을
조금씩 내려놓기.

좋아하는 사람과 소중한 시간을 보내고
내가 좋아하는 일을 찾아가며,
작은 기쁨 하나에도 웃을 수 있는 사람이 되기.

내 기준의 행복이면 충분해.
타인이 보기엔 작고 사소할지라도,

내 마음이 편하고
얼굴 속에 떠오르는 미소가 자연스럽다면
그건 분명 '진짜 행복'이니까.

실없는 웃음도 괜찮아.
그 웃음 하나가 오늘의 나를 살게 하니까.

작은 웃음들이 쌓이다 보면
결국 내 행복이 완성될 테니까.

그러니, 걱정하지 마.

지금 내 속도 그대로, 나 자신을 믿고
내가 정한 그 길을 천천히 걸어가자.
그 안에서 충분히, 행복할 수 있어.

욕심 없이 세상을 바라보는 법

1. 그저 있는 그대로 바라보기.
   바꾸려 하지 않고,
   온전히 바라보며 순수하게 느끼기.

2. 마음이 움직이는 대로
   조금은 느리게, 천천히 실천하기.
   속도가 아닌 방향을 따라가기.

3. 지금의 나를 부족하다고 여기지 않고,
   현재의 순간에 충실하기.
   이미 충분한 오늘을 살아내기.

묵묵히 걸어도 괜찮아

따스한 햇살, 반가운 봄이
찾아온 지 얼마나 되었다고
어느새 봄비가 내린다.

우수수 떨어지는 소란스러운 비가 아니라,
마치 내 마음을 들여다보는 듯
살며시 흩날리는 그런 봄비.

우산을 쓰는 듯 마는 듯,
터벅터벅 길을 걸으며
평소 좋아하던 카페에 들어갔다.

차가운 커피를 좋아하는 나지만,
유독 따뜻한 라테가 생각나는 날이었다.

"사장님, 따뜻한 라테 한 잔 주세요."

그렇게 평범한, 특별하지 않은 하루가 시작되었다.

라테 한 잔의 온기가 느껴지자
다가올 날들에 대한 기대가 마음을 가득 채웠다.

"얼른 날이 조금만 더 따뜻해졌으면 좋겠어."

따뜻한 날엔 집 앞 공원을 산책하고,
마음이 잠시 공허할 땐
산과 바다 내음 가득한 제주로
훌쩍 떠나겠다는 생각도 해본다.

머릿속에서 떠나지 않는
복잡한 생각을 정리하고 싶을 때면
책상 옆에 놓인 책을 펼친다.

책은 어수선한 내 마음을 정리하고,
내 시선을 조금씩 다른 방향으로 옮겨주는
참 좋은 친구다.

책에서 얻은 문장 하나가
무너져 있던 나를 조용히 일으켜 준다.

그렇게 읽고, 느끼고, 또 살아간다.

제자리걸음을 하는 것 같아도,
성장하지 못하는 건 아닐 거다.

묵묵히 나아가는 그 하루가
결국은 나를 좋은 곳으로 데려다줄 거라고 믿으니까.

조금은 더 단단하게, 조금은 더 따뜻하게.

보이는 모습이 다가 아니라는 것을

대부분의 사람들은 그저 보이는 모습만으로
누군가를 판단하곤 한다.

물론 사람의 내면도 중요하지만,
어쩔 수 없이 '첫인상'은 보이는 것으로
판단되기 마련이다.

'첫인상 : 첫눈에 느껴지는 인상'

남들에게 난 어떤 모습으로 비칠까?

전문직이라고 불리는 직업을 가지고,
맡은 바에 최선을 다하는 사람.

원하는 것들을 포기하지 않고
즐기며 사는 사람.

사람들과 어울리며
그 분위기에 스며드는 것을 좋아하는 사람.
원하는 것을 이루며 행복을 꿈꾸며 사는 사람.
단 한 문장으로 '나'라는 사람을 형용할 수는 없다.

물론, 남들에게 비치는
'나'의 모습처럼 행복을 꿈꾸기도 한다.
하지만 그저 행복만을 바라지는 않는다.
그리고 사실, 행복하지 않다.

그런데 친구는 내가 그저 행복해 보인단다.

"진짜? 나는 사실 그리 행복하지 않은데,
겉으로라도 행복한 척 하고 싶었나 봐."

행복을 갈구하고, 행복만 좇아가려고 발버둥 친다.
겉으로는 아니라고 말하지만 속은 타들어 가고 있었다.

사실은 그저 행복한 척하는 사람이었다.
더 나아가, 마음이 병들었다는 걸
인정하기 싫었던 것이다.

그래서 나는
더 이상 행복을 강요하지 않기로 했다.

'행복'이라는 단어에 집착하지 않도록,
지나가는 일상에서 사소한 미소를 발견하고,
작은 감정조차 소중하게 다룬다.

순간순간을 담아,
마침내 긍정적인 내가 되길.

별일 없이 평범하게 사는 삶도 소중하다.
때때로 웃음 가득하고,
탈 없이 흘러갔다는 것만으로도 충분하다.

무너지지 말자
이미 충분히 잘하고 있어

잠시, 멈춰도 괜찮아

언제 마지막으로
마음 편히 쉬었던가.

해가 뜨면 일하고,
해가 지면 쓰러지듯 잠들었던
반복된 일상에서 나는 조금씩 지쳐갔다.

그저,
수평선 아래 멍하니 흘러가는 바다를 바라보며
텅 빈 바닷가를 천천히 걷는 것.
내가 오래도록 바라던 순간이었다.

열심히 사는 것도 좋지만,
가끔은 '나'를 위해 멈추는 용기도 필요하다.

그건 무너지는 것이 아닌,
내 마음을 다독이는 일.
그것만으로도 충분히 괜찮은 하루다.

삶이 무엇인지
정의하지 않아도 괜찮다.

끝없는 굴레 속,
매일 최선을 다해 살지 않아도 된다.

생각해 보면
최선을 다하지 않았던 날은 없었다.

지금까지
성공만을 위해 달려온 나.
이제 작은 근심, 걱정은
잠시 내려두고 쉬어가자.

때로는
잔잔한 휴식도 꼭 필요한 법이니까.

가끔은 쉬어가자

아무것도 하기 싫은 날이 있어.
눈을 떴지만, 금방 다시 감고 싶은 날.
해야 할 일은 머릿속을 빙빙 도는데
몸은 움직일 생각이 없는 그런 날.

무기력함이 나를 지배할 때는
작은 일도 버겁게 느껴져.
그럴 때면 '왜 이러지?' 자책하지 마.

충분히 그럴 수 있는 거니까.
누구에게나 오는 날이니까.

혹시 그런 날을 맞이했다면 충분한 수면을 취해.
몸과 마음이 보내는 신호일지도 몰라.

가벼운 스트레칭으로 몸을 깨우고,
따뜻한 커피를 한 모금 마셔.

익숙한 향기와 온기가 무너진 리듬을
조금씩 돌려줄지도 모르니까.

그러곤 미뤘던 집안일 하나쯤 실행해 봐.
정리된 공간은 마음에 작은 여유를 선물해 주니까.

햇살 좋은 날엔 잠깐 밖에 나가 산책해 봐.
계절의 공기, 바람, 풀 냄새.
그 모든 것들이 말없이 널 다독여 줄 거야.

무력함 속에서
'아무것도 하지 않기'를 선택해도 괜찮고,
'작은 무언가'를 시작해 봐도 괜찮아.

그러니까,
가끔은 쉬어가 보자.
그리고 오늘을 버텨낸 너에게 다정히 말해주자.

그래도 괜찮다고.

우리는 그래도 됩니다

마치 약속이라도 한 것처럼,
계절이 바뀔 때면 어김없이 찾아오는 우울감.

왜, 우리는 우울이라는 감정 앞에서
한없이 무너질까.

그건, 감정이 단순히 슬픔 하나로
설명되지 않기 때문일 거다.

속에는 말로 다할 수 없는 무게들이
겹겹이 쌓여 있어,
감당하지 못할 때가 더 많으니까.

작은 걱정 하나로 시작된 마음의 무게는
어느새 커다란 산처럼 자라나 나를 짓누른다.

아직 일어나지 않은 일에 대한 불안,
사소했던 고민이 점점 나를 갉아먹는다.

우울증은 병이라고들 말하지만,
나는 가끔 생각한다.

이 병은 우리 모두가 한 번쯤은 지나가야만 하는
감정의 터널이 아닐까.

살다 보면 기쁜 일만 있는 건 아니니까.
실은 슬픔도, 불안도,
나를 사람답게 만드는 감정일지 모른다.

그렇게 나는,
감정이 복받쳐 올라올 때면 참지 않고 눈물을 흘린다.
그 눈물에 내 우울도 함께 씻겨 내려가길 바라며.
아무 말도 하지 못한 마음들이 눈물에 섞여
조금은 가벼워지기를 바라며.

눈물이 흐른 자리엔
때로 조용한 평온이 남는다.

그제야 나는 다시 고개를 들고,
언젠가처럼 다시 웃을 수 있다.

삶이 버겁고, 고단한 날엔 참지 않아도 괜찮다.
눈물 흘리는 나 자신을 다정히 안아주자.

그 눈물은 결코 약함이 아니다.
감정을 정직하게 꺼내 보인 용기이자,
내가 나를 지키는 방법이다.

혹시 지금, 마음의 짐이 너무 무겁다면
여기 잠시, 그 짐을 내려두자.

내게 털어놔도 괜찮고,
조용히 앉아 잠시 쉬어가도 좋다.

우리는, 그렇게 해도 괜찮은 사람들이다.

오늘 하루를 버텨낸 너에게,
세상 누구보다
다정한 박수를 보낸다

감정을 숨기지 않아도 괜찮아

기쁠 땐 마음껏 활짝 웃자.
그리고 슬플 땐, 후회 없이 눈물을 흘리자.

감정을 애써 숨긴다고
세상이 달라지는 건 아니니까.

한없이 눈물을 쏟아낸 뒤에는
답답했던 마음이 조금은 편안해질 거야.

혼자서 모든 짐을 억지로 짊어지지 않아도 돼.

마음속 이야기를 나누는 건
누군가에게는 따뜻한 용기이고,
서로에겐 애틋함으로 남으니까.

내 슬픔을 나눈다고 해서
그 슬픔이 상대에게 그대로 옮겨지는 건 아니야.

오히려,
나의 마음을 알아주고 부드럽게 감싸줄 사람이
곁에 있다는 걸 느낄 수 있을 거야.

그러니 부디,
네 감정을 가두지 말고
그대로 흘려보내길 바라.

오늘도 잘 버텼으니까

어느덧, 상경한 지 1년이 지났다.

현재의 시간은 천천히 흐르는 듯해도,
오늘이 지나 내일이 오고,
다시 내일이 오늘이 될 때면
시간은 야속할 만큼 빠르게 흘러가 있다.

지나간 시간을 붙잡을 수 있다면,
언제를 떠올려야 할지 생각해 봤다.
아마도, 미래에 대한 걱정이 없던 때,
순수하고 천진난만했던 학창 시절이지 않을까.

어른이라는 무게를 양어깨로 온전히 느끼며
책임을 지는 삶이 벅차니까.

그게 조금은 한탄스럽지만,
한편으론 꿋꿋하게 여기까지 잘 걸어온
나 자신이 대견하기도 하다.

되돌릴 수 없는 세월에 대한 아쉬움,
동시에 지금까지 마주한 현실과 현재에 최선을 다하며
'지금의 나'로 성장했다는 뿌듯함.

이 두 가지 감정이 공존하며
오늘 하루도 무던히 흘러간다.

시골에서 학창 시절을 보냈던 나는
산 아랫마을의 풀 내음과
사람들의 인정 어린 마음이 좋았다.

그 작은 세상이 전부라고 믿었는데,
방학이나 휴가에 찾았던 도시의 풍경은
늘 낯설고 벅찼다.

바쁘게 지나치는 무수히 많은 사람들,
지하철 안 초점 없는 눈빛들.
저렇게 살아야만 하는 걸까.

그런 경쟁 사회를 부정하며 언젠가 나도 그 속에서
살아가리라는 생각조차 하지 못한 채 시간은 흘렀다.

지금의 나는, 조금은 단단해지고 성숙해졌다.
익숙한 동네를 거닐다 마시는 맥주 한 캔,
하루의 끝에 느끼는 시원함이 이렇게 좋다니.
밤 공원 산책길의 차가운 공기가
홀가분하고 시원하게 느껴졌다.

'오늘 하루도 잘 견뎌냈다.'

스스로를 다독이며 느끼는
이 안도감이 너무나 소중하다.

이런 오늘이 있기에
내일의 나도 다시 한번 힘을 낼 수 있을 것 같다.

내일은 네가
걱정 없이
행복했으면 좋겠어

마음이 지칠 때 필요한 시선

인생을 살다 보면,
누구나 한 번쯤은 너무 지치고
힘든 순간을 마주하게 된다.
그러니, 제풀에 지쳐 무너지지 않아도 괜찮다.

아무것도 하고 싶지 않을 만큼 힘이 빠질 때면
잠시 시선을 돌려보자.

푸르른 하늘 위를 유유히 흐르는 구름을 바라보며
잠깐이라도 사색에 잠겨보자.

무성한 숲 사이에 돗자리를 펼치고
지저귀는 새소리를 들으며
온전히 자연에 마음을 기울여 보자.

좋아하는 음료 한 잔을 손에 들고
공허하게라도 한 걸음, 한 걸음 걸어보자.

오랜만에 만난 친구와
철없는 아이처럼 실컷 웃고 떠들며
작은 자유라도 만끽해보자.

즉흥적으로 떠나보는 여행,
낯선 곳에서 새로운 풍경과 새로운 음식을 만나며
지금껏 겪어보지 못한 경험을 해 보자.

시선을 조금만 바꿔보면
이룰 수 있는 게 정말 많다.
같은 자리에 머무르다
반복되는 일상에 지쳐버린 나를 잠시 깨워보자.

"오늘은 어제보다 웃을 일이 조금 더 많을 거야."

그렇게 스스로에게 한 마디 건네보자.

'그저 쉬어도 돼, 짐을 잠시 내려놔도 돼'라는
위로조차 부담스럽게 느껴질 땐,
아무 말 하지 않아도 괜찮다.

해가 떠서 눈을 뜨고,
낮이 되어 산책을 나서고.

어떻게든 하루가 흘러가는 것을
그저 겸허히 받아들이면 된다.

새롭게 바꾼 시선이
나를 결국 새로운 곳으로 이끌어 줄 것이다.

그러면 어느새,
마음이 한층 더 편안해져 있을 것이다.

괜찮아,
잠시 멈춰 서도
너는 여전히 잘 가고 있어

나를 구하는 다섯 가지 약속

살다 보면 마음이 짙은 어둠에 잠식당할 때가 있다.

그 어둠은 너무 깊어,
나조차 빠져나오지 못할 것 같은 막막함을 주곤 한다.

하지만 나는 다짐해 본다.
그 속에 나를 가두지 않겠다고,
언제든 나를 꺼낼 수 있는 용기를 붙잡겠다고.

첫째,
내 마음의 어둠을 들여다보되, 거기에 머물지 않기.

지금 느껴지는 불안과 슬픔을 애써 외면하지 말자.
작은 용기를 내어 들여다보자.
하지만 그 감정만으로 나를 정의하지는 말자.
나는 더 많은 빛과 가능성을 가진 사람임을,
스스로가 가장 잘 알고 있으니까.

둘째,
혼자 버티지 않고, 작은 이야기라도 꺼내 보기.

마음의 무게가 벅차서 혼자 견디기 힘들다면
누군가에게 한 마디라도 건네보자.

'괜찮은 척 하지 않아도 돼.'
그 작은 대화가,
내가 어둠에서 빠져나오는 통로가 되어줄 수 있어.

셋째,
몸을 먼저 움직여, 마음을 따라오게 하기.

숨이 막힐 듯한 우울감이 밀려올 땐
일단 한 발짝만 내디뎌 보자.
햇살을 쐬거나, 가까운 공원을 산책하자.

몸이 달라지면 마음도 조금씩 바뀐다는 것을
우리는 이미 여러 번 경험해 왔으니까.

넷째,
괜찮아지려 애쓰지 않기.

'나는 왜 이렇게 힘들까?' 자책하기보다는
지금의 나를 부드럽게 다독여 주자.
어둠을 밀어내지 않아도 돼.
있는 그대로 인정하고,
시간이 흘러가며 옅어질 때까지
그저 함께 있어 주면 돼.

다섯째,
작은 기쁨 하나를 붙잡아, 내 마음의 불빛으로 삼기.

너무 어두울 때는,
사소해 보이는 행복 하나를 마음속에 담자.

좋아하는 노래 한 곡,
따뜻한 커피 한 잔,
창문 너머 하늘을 스치는 바람.

그 작은 행복이 나를 비추는 등불이 되어
조금씩 다시 걸어 나갈 힘을 줄 거야.

너는 충분히 잘하고 있어

나는 진심으로 네가 잘됐으면 좋겠다.
지금 겪고 있는 시련이 너무 벅차게 느껴지겠지만
살다 보면 누구나 한 번쯤은 마주하게 되는
시간 중 하나일 뿐이다.

최선을 다했다고 해서
언제나 성공이라는 결과를 얻을 순 없다.

하지만 한 가지 확실한 건, 기회 앞에서 용기를 냈고,
열정을 쏟아 도전했다는 사실이다.
그 자체로 이미 값진 경험이고,
돈으로는 절대 살 수 없는 소중한 자산이다.

실패가 반복된다는 건
실은 성공에 한 발짝씩 다가가고 있다는 증거일 것이다.
부족한 부분이 있다면, 채우면 되고
넘어진 이유를 알게 되었다면 피하면 된다.

중요한 건,
지금처럼 계속해서 일어서려는 너의 태도이다.

"나는 왜 이것밖에 안 될까."

자책하지 말고,

"맞아, 내가 이걸 놓쳤었구나.
이번엔 더 준비해서 다시 도전해 보자.
나는 할 수 있어."

그렇게 다시 한 걸음 내디뎠으면 좋겠다.

성공의 시기는 저마다 다 다르다.
조금 늦게 온다고 해서 의미 없는 게 아니다.
오히려 그 시간을 통해 더 단단해질지도 모른다.

그러니 오늘도 다짐해보자.

"나는 잘할 수 있어.
아직 끝난 게 아니니, 다시 시작해 보자."

지금 너는 잘하고 있다.
섣부른 걱정은 내려두고,
그저 너 자신을 믿고 조금씩 앞으로 걸어가면 된다.

쉼의 방식

공허한 마음이 들 때마다, 바다를 보러 간다.
상경한 이후, 본가와의 거리가 멀어져서일까.
혼자 있는 시간 속 문득 찾아오는 공허함이
더욱 짙게 느껴질 때가 있다.

일정이 없는 날이면 자유롭고 즉흥적인 여행을 즐긴다.
드라이브 삼아 바다를 향하거나,
혼자만의 카페 투어를 떠난다.

커피를 좋아하는 편이지만,
쉬는 날엔 오히려 커피를 멀리한다.
오롯이 나를 위한 쉼을 누리기 위해.

40여 분쯤 달려 도착한 인천의 바닷가.
나는 멍하니 파도 소리를 들으며
바다를 바라보는 걸 좋아한다.

자글자글한 모래를 밟으며 해변을 걷는다.
어느 중턱쯤, 평평한 돌 위에 앉아
파도의 흐름을 오래도록 바라본다.
주변 사람들은 말하곤 한다.

"쉬는 날엔 좀 쉬지, 혼자 바다까지 간다고?
진짜 대단하다."

하지만, 난 이때 온전한 휴식을 누린다.
멀리 떠나는 작은 모험처럼,
마음의 평화를 찾기 위한 나만의 방식.

"나는 내 방식대로의 쉼이 좋아."

혼잣말처럼 중얼거리며
 스스로에게 다시금 다짐을 받는다.

모든 사람이 같은 방식으로 쉬는 건 아니다.
누군가에겐 침대 위의 낮잠이,
누군가에겐 낯선 풍경이
가장 나다운 쉼일 수 있다.

휴식의 방식엔 정답이 없다.
남의 시선보다 중요한 건,
스스로에게 솔직해지는 일이다.

나에게 집중하며, 나만의 리듬으로 살아가는 것.
지극히 평범해 보일지라도,
그 순간이 나에겐 가장 특별한 시간이 된다.

건강과 행복

하나, 둘 건강해지고
셋, 넷 행복해지기.

걱정을 잠시 내려두고 나면
마음이 조금 편안해질 거예요.

마음이 편해지고 나면
몸도 마음도 점점 건강해질 거예요.

건강한 몸과 마음에
밝은 생각들을 하나씩 더해 봐요.

우리, 너무 조급해하지 말아요.
조금씩, 천천히 한 걸음씩 내디뎌 봐요.

어제보다 더 나은 오늘을,
오늘보다 더 행복할 내일을 기대하면서요.

II. 천천히, 그러나 분명히 나아가는 중

불안의 파도 속에서도

가끔 마음이 무너질 것 같은 날이 있다.
바라던 일이 잘 풀리지 않고,
내 마음조차 내 마음 같지 않을 때,

부정적인 생각들이 밀물처럼 몰려와
하루 종일 나를 괴롭히는 날들.

불안감이 가슴 속에 파도처럼 몰아쳐
지치고, 또 지쳐 나 자신조차 버거울 때면,
조용히 속삭인다.

"무너지지 마.
행복은, 생각보다 가까이에 있어.
좋은 날은 반드시 찾아올 거야."

조금씩, 천천히
마음을 다독이고 숨을 고르며
내가 가진 단 하나의 소망을 떠올려 본다.

그저, 무탈한 하루를 조용히 마무리하며
맑은 미소를 지을 수 있는 평범한 행복.

그렇게 작은 기쁨들이
쌓이고 또 쌓이다 보면,
어느 순간 그토록 바라던 '행복한 날'이
내 앞에 조용히 찾아올지도 모른다.

그 순간이 오면,
두 팔 벌려 반갑게,
따뜻하게 꼭 안아주어야지.

제자리걸음이어도 괜찮아

천천히 걷는 지금도, 분명 나아가는 중이야.

앞도 뒤도 보이지 않는
휘어진 비탈길을 지나가더라도,
우리는 분명,
기꺼이 다시 힘을 낼 수 있어.

서로의 마음에 다짐했어.
누군가 지치거나 슬픈 날엔
언제나 곁에서 단단한 존재가 되어주기로.
어떤 일 앞에서도,
서로에게만큼은 소중한 사람이 되기로.

하던 일이 잘 풀리지 않을 땐
문득 이런 생각이 들어.

'제자리걸음만 하고 있는 건 아닐까?'
'그래도 이렇게 계속 최선을 다하다 보면,
언젠가는 저 위, 가파른 오르막길 끝에 선
나를 만날 수 있지 않을까?'

그럴 땐 스스로에게 말해줘.

"괜찮아, 제자리걸음이면 어때."
"아무것도 하지 않고 멈춰 서 있진 않잖아."

네가 한 수많은 시도와
오르막길을 오르기 위해 흘린 땀방울 하나하나는
그 자체로 충분한 '노력' 그 자체야.

인생의 순간들은
늘 오르막길과 내리막길의 반복이니
좋은 일이 있다면, 때로는 나쁜 일도 있는 법.

하지만 분명한 건—
노력은 결코 너를 배신하지 않아.

기나긴 인생에서 잠깐의 실패나 좌절은
그저 너라는 사람을
더 단단하게 만드는 한 과정일 뿐이야.

그러니 오늘을 소중히 여기고,
지나간 어제를 돌아보며
내일을 기대하며 살아가자.

지금처럼만,
조금씩 나아가는 걸음이면 충분해.

천천히 걷는 지금도,
네 삶은 충분히 빛나고 있어

함께 걷는 오르막길

친구야,
조금 늦으면 어때.
넌 지금도 충분히 잘하고 있어.

우리가 걷는 길은
평지가 아닌 오르막길이야.

비탈진 길에
가끔은 지치고, 숨이 찰 때도 있겠지.

하지만 지금도,
그 길을 묵묵히 걷고 있는 너잖아.
결국엔 네가 꿈꾸는 곳에 닿게 될 거야.

혹시라도 지치는 때가 오면,
내가 네 등 뒤에서 살며시 밀어줄게.
그리고 곁에서 늘 응원할게.

나 자신을 위로하는 방법

1. 나는 나 자신을 믿어.
 지금까지도 꾸준히, 묵묵히 잘 해왔으니까.

2. 너는 충분히 행복할 자격이 있어.
 누구보다 열심히 살아왔잖아.

3. 그러니, 조금만 더 힘내보자.
 아주 조금만 더.
 분명 빛나는 순간이 올 테니까.

오늘도 잘 견뎌줘서 고마워

출근길에 오른 아침,
바쁘게 움직이는 사람들 사이를 지나
터벅터벅 공원을 걸었다.

이른 아침 지저귀는 새 소리가 들렸다.
바쁘게 시작된 하루,
여유라곤 마음 한편에 접어둔 채 하루를 시작했다.

시간은 늘 나를 재촉하고,
이리저리 뛰어다니는 하루 속에서
점심시간조차 제대로 누리기 어렵다.

누군가는 식사 후
커피 한 잔 들고 산책을 나서지만,

나에겐 그런 여유조차
사치처럼 느껴질 때가 많다.

병원이라는 바쁘고 고된 환경 속에서
환자가 건넨 어느 날의 한마디가
내 마음을 환하게 밝혔다.

"덕분에, 다 나은 것 같아요. 감사해요."

마음 한구석을 따뜻하게 녹였던 한마디.
나는 자연스레 웃으며 대답했다.

"아니에요. 환자분이 고생 많으셨어요.
잘 치료받고 건강히 퇴원하세요."

그렇게 돌아서는 순간,
나도 모르게 입가에 미소가 번졌다.
그날 하루는 그 미소 하나로 충분히 보람찼다.

평범한 오늘,
특별하지 않은 것 같은 하루 속에도
분명 작고 소중한 순간들이 스며들어 있다.

부디, 작은 웃음 하나로도
나의 하루가 조금 더 가벼워지기를.

오늘도 나에게 다정할 것

가끔은 아무것도 하지 않고 흘러가는 하루가,
어딘가 모르게 초조하게 느껴진다.

그저 시간만 흘러가는 것 같고,
제자리에 머물고만 있는 것 같아 마음이 복잡해진다.

'이대로 괜찮은 걸까?'
'다들 앞서가는데, 나만 멈춰있는 건 아닐까?'

하나의 걱정은 또 다른 걱정을 불러오고,
그 걱정들에 휩싸일수록
점점 작아지는 나를 마주한다.

부정적인 생각들을 밀어내기 위해
애써 긍정을 집어넣었고,
그렇게 성장했다고 믿었지만,
돌이켜보면 나는 불안한 마음을 억누르며
애써 외면하고 있었다.

나는 되뇌었다.
'밝고 긍정적인 나'를 강요하지 말자고.

그저 느끼는 대로 살아보려 한다.
흘러가는 하루를 억지로 붙잡지 않고,
있는 그대로 살아내는 법을 배워보려 한다.

나를 가둬버리는 생각의 틀에서 벗어나기 위해,
햇살을 따라 천천히 걸으며 숲길을 거닐었다.
그렇게 나를 조이던 강박에서 조금씩 멀어졌다.

코끝에 머무는 피톤치드 향,
거리를 가득 메운 사람들,
'그래, 이게 바로 사람 사는 향기구나.'

매 순간, 꼭 최선을 다하지 않아도 괜찮다.
특별한 일이 없어도, 의미 없는 하루인 건 아니다.
가끔은 그렇게 아무것도 하지 않는 날이
내 마음을 가장 깊이 채워주기도 한다.

무던히 지나가는 오늘, 새로운 다짐을 한다.
쓸모없는 걱정은 잠시 접어두고,
다가오지 않은 내일에 대한
불안도 잠시 미뤄두자고.

지금, 이 순간만큼은
나를 위해
조금 느슨해져도 괜찮다고.

흘러가는 하루 속에서
오늘도 묵묵히 견뎌낸 당신,
그 마음만으로도 따뜻해

지친 마음에 작은 쉼표 하나

힘든 날들이 반복되는 요즘,
풀이 죽은 너의 얼굴을 보며 나는 생각해.

지금 이대로도 충분하다고.
그러니 애써 더 힘내려 하지 않아도 괜찮다고.

정말 너무 힘이 들 땐
'힘내'라는 말조차 부담이 돼.

힘을 낼 힘도 없는데,
왜 또 내일을 위해
억지로라도 웃어야 할까 싶은 날들.

그럴 땐,
그냥 멈춰도 괜찮아.

너의 존재만으로도
누군가에겐 큰 힘이 된다는 걸
잊지 않았으면 해.

내가 네 곁에 있다는 걸 기억해 줘.

그리고
지칠 땐 그저 한 번,
가볍게 웃어보자.

그 웃음 하나면
또 오늘을 조금은 견딜 수 있을 테니까.

햇살 한 줌, 커피 한 잔, 그리고 나

평범한 하루가 주는 선물.

가끔은 아무 생각 없이 마시는
여유로운 커피 한 잔이
생각보다 큰 위로가 될 때가 있다.

쉬는 날이면,
늦잠을 자고 천천히 일어나
오늘 하루를 가만히 보며,
평소처럼 단골 카페로 발걸음을 옮긴다.

밝게 시작된 오늘,
아무 일 없는 하루를
그저 조용히 즐겨보기로 마음먹는다.

커피 한 잔을 주문하고 책을 펼친다.
자극 없이 순순히 흘러가는 시간.
지극히 평범하고, 그래서 더 소중한 하루.

괜히 기분이 좋아서,
누구의 시선도 신경 쓰지 않고
그저 나답게 보내는 하루.

욕심 없이 흘러가는 하루가
이토록 가볍고, 이토록 따뜻할 수 있다는 걸
오늘 또 느꼈다.

카페 창문으로 부드럽게 스며드는 햇살,
입 안 가득 퍼지는 따뜻한 커피 한 모금,
책장을 넘기며 가라앉는 복잡한 마음들,
시간에 쫓기지 않아도 되는 느긋한 여유.

이 모든 조각이 모여
오늘의 나를 소소하고도 분명한 행복으로 채워주었다.

행운처럼 찾아온 작은 행복

"매일 행복할 순 없지만,
매일 행복한 일은 있어."

햇살 아래 피어난 꽃 한 송이,
길을 걷다 마주친 네잎클로버처럼
아주 작고 조용한 행복.

아무렇지 않게 흘러가는 하루에도
자그마한 특별함이 숨어 있다.

나를 위해 실천해야 할 것들

있는 그대로의 내 모습을
조금 더 다정하게 바라보자.
억지로 행복을 꾸며내지 않아도 괜찮아.
행복은 결국 자연스럽게 스며드는 것이니까.

눈앞에 마주하는 일들을 조금 더 즐겨보기.
실수해도 괜찮고, 서툴러도 괜찮아.

때로는, 미친 듯이 울어보기.
흘려보낸 눈물이 마음을
한층 가볍게 만들어 줄 테니까.

가벼운 바람을 맞으며 조용히 산책을 나서기.
작은 걸음이 생각보다 큰 위로를 줄지도 모르니까.

잘 지내라는 말 한마디의 의미

잘 지내?"

그 말 안에는 생각보다 많은 의미가 담겨 있다.

그동안 몸은 건강했는지,
마음을 다치지는 않았는지,
감정의 기복은 크지 않았는지,
무슨 일이 있었으며, 어떤 하루를 보냈는지.

하나하나 다 물어보고 싶지만
그럴 순 없으니
"잘 지내?"라는 짧은 안부에
궁금한 마음을 차곡차곡 조심스레 담아본다.

오랜 시간이 지나,
우리는 각자의 자리에서
나름대로 최선을 다하며 살아가고 있다.

꼭 무언가를 이뤄야만
잘 지내는 건 아닐 거다.

지금, 이 순간에도
숨을 쉬고, 하루를 견디고,
나를 잃지 않고 살아내는 것,
그 자체로 '잘 지내고 있다'라고 말할 수 있으니까.

오늘은 그런 하루가 되었으면 좋겠어.
바쁘게 흘러가는 일상에서
소중한 사람들에게 조용히 마음을 건네보는 날.

"잘 지내?"

이 한마디에
내 마음이 닿았기를.

오늘이 마지막이라면

만약 오늘이 내 삶의 마지막이라면,
만약 내가 시한부 인생을 살고 있다면,
남은 시간을 무엇으로 채워야 가장 행복할까,
어떤 하루를 살아야 아깝지 않을까.

바쁘다는 핑계로 미뤄뒀던 것들을
용기 내어 도전해 보면 어떨까.

하루 24시간, 매 순간 불태우듯
누구보다 치열하게 사랑해 보기.

가장 젊은 지금,
가족들과 많이 웃고,
그 웃음들을 사진 속에 고이 담아보기.

서로를 마주 보며 지을 수 있는
가장 환한 미소를 남겨두기.

가고 싶었던 여행지를
망설이지 않고 떠나보기.

그곳이 드넓은 바다든, 푸르른 산이든,
눈앞에 펼쳐진 자연을 바라보며
'아, 나 아직 살아있구나.' 하고
숨 쉬는 것만으로도 감사해 보기.

그동안 차마 하지 못했던 말,
미처 꺼내지 못했던 마음을
조심스럽게 털어놓아 보기.

혼잣말이라도 좋으니
이 하루가 끝나기 전에 꼭 꺼내보고 싶다.
가볍게 마음을 비우고
홀가분하게 떠날 수 있도록.

그리고 온전히 나를 위한 하루를 살아보기.
누구의 시선도 신경 쓰지 않고
오롯이 나를 위해 숨쉬기.

맛있는 음식을 와구와구,
체할 만큼 먹어도 괜찮아.

심장이 터질 만큼 미친 듯이 달려보고,
웃긴 예능 보며 배꼽 잡고 웃고,
슬픈 영화에 마음껏 울어도 괜찮다.

그렇게 하루를 다 살아냈다면
이번 생, 비록 끝을 향하고 있어도
후회는 없을 것 같아.

대단한 업적을 남기진 못했더라도,
내 삶의 마지막 순간을
따뜻하게 안아줄 수 있을 것 같아.

"그래도 나는 끝까지 최선을 다했구나."

그렇게 오늘을 자랑스럽게 기억하며,
고요하고 평안한 마음으로
눈을 감을 수 있을 것 같다.

최선을 다해 살아온 나에게,
수고했어, 고생했어

조금 늦어도 괜찮아

사무치듯 바라면,
언젠가는 반드시 이루어진다고 믿어.
그러니 너무 쉽게 좌절하지도, 무너지지도 말자.

너는 지금껏 정말 잘해왔고,
지금, 이 순간도 충분히 잘하고 있어.
스스로에게 이렇게 말해주자.

"나는 멋진 사람이니까, 분명히 잘 해낼 거야."

그 다짐 하나가 용기가 되어,
흔들리는 마음을 꼭 붙잡아줄 거야.

결과가 어떻든 후회는 없었으면 좋겠다.
열심히 달려온 끝에 혹시 실패를 마주하더라도
그 경험조차 언젠가는
나를 더 단단하게 키워줄 테니까.

바라던 만큼 모든 것이 따라주지 않아도
"아직, 내 차례가 오지 않았을 뿐이야."
라고 스스로 다독여 주자.

다음에 찾아올 기회를 놓치지 않기 위해,
오늘도 나에게 집중하면서 묵묵히 나아가면 돼.

흘러가는 찰나의 시간도
허투루 보내지 않으려 애쓰던 나,
그 시간조차 얼마나 소중하고 값진지
알아주었으면 좋겠어.

이제는 잠시, 큰 욕심을 내려놓아도 괜찮아.
앞으로 더 성장하고 빛날 나를 위해
스스로를 옭아매던 마음을 조금 풀어주면서
조금 더 평온하게 숨을 고르는 거야.

그러자 마음속에 잔잔한 고요가 찾아왔다.
어쩌면 이것이 진짜 마인드 컨트롤일지도 모르겠다.

걱정은 언제나 마음을 복잡하게 만든다.
아직 오지 않은 불안에 붙잡히기보다는
지금, 이 순간의 나를 믿어주기로 하자.

그럼,
나조차도 부끄럽지 않은
'나다운 나'를 다시 만나게 될 거야.

하루의 끝에서,
네 마음이 느긋하게 쉬어가길 바라

나, 잘하고 있는 걸까?

시도했던 일들이 자꾸만 어긋날 때면

'이걸 계속 해도 괜찮은 걸까?'
'내가 옳은 길을 가고 있는 게 맞긴 할까?'
하는 생각들이 머리를 채운다.

목표에 닿기도 전에
포기라는 단어가 마음속에 스며들며

'이 방법이 맞는 걸까?'
'여기서 그만두는 게 나을까?'

확신 없는 선택들에 조심스레 발을 뗄 때
걱정이 차곡차곡 쌓인다.

처음엔 작았던 불안이
어느새 커다란 화산처럼 나를 집어삼켜
나아가려는 나를 가로막고 있는데,
그 사실조차 깨닫지 못한 채 자리에 멈춰 선다.

그럴 때마다 스스로에게 말해보자.

"정신 차려. 너는, 정말 잘하고 있어."

내가 나를 믿어주지 않으면,
누가 나를 진심으로 믿어줄 수 있을까?

포기하지 말자.
지금 하는 일이 조금 돌아가는 것처럼 보여도
절대 헛되지 않다.
어쩌면 그 모든 시간은
나를 단단하게 만들어 주는 밑거름이었을지도 모른다.

제풀에 지쳐 쓰러지지 않았으면 한다.
비틀거려도 괜찮고, 잠시 멈춰도 괜찮다.
다만, 끝내 포기하지 않기를 바란다.

용기를 내자.
주어진 일을 끝까지 해내는 건
말처럼 쉬운 일은 아니지만
그건 나를 위한, 나의 인생을 위한 일이다.

언제까지, 포기와 후회 속에 멈춰 설 수는 없으니까.
"용기 있는 자가 꿈을 얻는다."

그 말을 믿으며
오늘도 한 걸음씩, 나를 믿고 나아가보자.

잔잔한 행복을 모아

강가에 고요히 흐르는 물결을 멍하니 바라보는 순간,
마음속 시끄러운 생각들이 잠시 가라앉는다.

지나가던 아이의 해맑은 웃음소리에
나도 모르게 덩달아 미소가 번진다.

푸르게 펼쳐진 잔디밭 위,
수많은 세잎클로버 사이에서
빛나듯 숨어 있는 네잎클로버를 찾아낼 때의 설렘.

무더운 여름날,
시원한 커피 한 잔을 마시며
느긋하게 여유를 즐기는 그 순간까지.

잔잔한 일상 속에서 발견한 행복 한 스푼.

별것 아닌 것처럼 보이는 이 작은 장면들이
나를 웃게 하고, 나의 삶을 다시 한번 사랑하게 만든다.

오늘도 건강하게 잘 살았다

유난히 이른 시간에 눈이 떠졌다.
쉬는 날도 아니었는데 어쩐지 기분이 좋았다.
너무 개운하게 일어나 다시 잠들고 싶지도 않았다.

상쾌한 아침, 시원하게 기지개를 켜며 몸을 깨웠다.
부스스 눈을 비비고 간단히 샤워를 마친 뒤

"여유로우면서도, 건강한 하루의 시작이야."

혼잣말을 외치며 드립 커피를 내렸다.

시간에 쫓기지 않고 흘러가는 아침,
이 정도면 참 잘살고 있지.

천천히 필터를 타고
'똑, 똑' 떨어지는 커피를 바라보며
은은하게 퍼지는 원두 향에 마음까지 차분해졌다.

바쁘다는 핑계로 늘 피곤에 지쳐있던 내가
출근 전에 이렇게나 여유를 누릴 수 있다니.
스스로가 대견하게 느껴졌다.

잔잔한 음악을 틀고,
웃음을 더욱 짙게 피워내는
상상도 해봤다.

푸릇한 잔디밭 위에 돗자리를 펴고 앉았는데
눈앞으로는 드넓은 강이 흐르고
그 위론 선선한 바람이 살며시 스쳐 가는 풍경.

맑고 깨끗한 오늘이 시작되었다.
오늘따라 날씨도 나를 도와주는 듯했다.
적당히 부는 바람 덕분에 불쾌함 없이
가벼운 걸음으로 출근할 수 있었다.

크게 힘든 일 없이 하루가 흘렀고,
조용히 마무리된 오늘.

퇴근길, 혼잣말로 나에게 말했다.

"오늘은 참 건강한 하루였어."

늘 내 옷자락을 잡고 놓지 않으려 했던
작은 걱정들도, 오늘만큼은 살며시 내려놓았다.
마음 안에 고요한 평안을 채워 넣었다.

평범한 하루였지만
그 속에서 작고 단단한 행복을 발견했다.

그것만으로도,
오늘은 충분히 따뜻하고
무척 괜찮은 날이었다.

작고 단단한 행복에 만족하며
웃음 짓는 일상도 좋아

건강을 챙기는 일은 나를 사랑하는 일

유독 마음이 차갑게 느껴지는 날이 있다.
그럴 때면 문득, 단 한 가지 소원이 마음속에 맴돈다.
나와, 내 소중한 사람들이 아프지 않고 건강하기를.

나는 종종 말하곤 했다.

"돈을 많이 버는 것보다,
건강해지는 게 가장 중요해."

돈은 노력하면 어느 정도 얻을 수 있지만,
한 번 잃은 건강은 되돌리기 어렵다는 걸 잘 알기에.

간호사라는 직업 덕분에
수많은 환자의 병상을 돌보며 살아왔다.

그런데 정작 내 건강에 빨강 신호등이 켜졌을 때,
나도 모르게 생긴 걱정과 불안이 나를 휘감곤 했다.
그리하여 생겨난, '건강 염려증'

누구보다 남의 건강을 챙기던 내가,
정작 내 몸 하나 챙기지 못하고
피로를 달고 살았다는 것을 스스로 인지한 건,
서른즈음.

작은 통증에도
'아, 남을 돌보느라 내 건강은 놓치고 있었구나' 했고
그동안 나를 짓눌렀던 조급한 생각들과 걱정이
차곡차곡 산처럼 쌓여
내 마음을 더욱 불안하게 만들었다.

그래서 다짐했다.

'이제는 나 자신을 돌봐야겠다.'

정기검진을 받고,
내 몸이 보내는 작은 신호에 귀 기울이며,
좀 더 나은 삶을 위한 준비를 시작해 보기로 했다.

건강을 되찾기 위해 운동을 시작했지만
작심삼일이 되기 일쑤였다.

나태함이 지침을 부르고,
지침은 다시 무기력을 불렀다.

그러면서도 나는 스스로를 이해하려 했다.

'이 또한 핑계가 될 수 있겠지.'

하지만 오늘만큼은, 다시 다짐한다.
내 건강을 돌보는 일을 더 이상 미루지 않겠다고.
작고 소소한 실천이지만,
매일 조금 더 건강하게 살아보겠다고.

운동을 규칙적으로 하고,
몸에 좋은 음식을 챙기고,
하루의 끝에는 따뜻한 말을 스스로에게 건넨다.

"오늘도 수고했어.
내일은 더 건강하고 따뜻한 하루가 되기를."

따뜻하게 전해지는 위로 한 줄이
꼭 필요한 순간이다.

스스로를 돌보는 작은 순간들이
나에게 가장 큰 위로가 되어준다

가장 젊은 오늘을 남기며

나는 코끝 시린 계절에 태어났다.
새해의 설렘이 조금씩 가라앉을 즈음
1월의 끝자락이 되면, 내 생일이 다가온다.

학창 시절에는 자정이 되자마자
여러 친구로부터 쏟아지는 축하 메시지와
소소하지만 정성 가득한 선물들로
그날 하루만큼은 누구보다 특별했다.

하지만 어느새, 사회 초년생 시절을 지나
조금은 어른스러워진 지금의 나는
그때와는 사뭇 다른 생일을 맞이한다.

연락을 건네오는 몇몇 친구들과
짧지만 진심이 담긴 메시지를 주고받을 때
그것만으로도 충분히 따뜻하다.

모두 각자의 바쁜 하루를 살아가고 있음을 알기에
내 생일을 기억해 주는 마음,
그 자체가 큰 선물이다.

서른이 넘고,
지방에 머물던 친구들이 하나둘 시집을 가고
육아와 살림으로 빠듯하게
살아가는 모습을 떠올릴 때면 그저 안부 한 통,

"지연아, 생일 축하해"라는
짧은 메시지만으로도 마음이 포근해진다.

이제는 생일날이
그리 대단하지 않게 느껴질 때도 있다.

날 낳아준 부모님께
감사해야 하는 날이라는 생각이 더 크다.
그래서 생일이 되면 엄마에게 전화를 걸어 안부를 묻고,

"나 이번에 집에 내려가면 엄마가 끓여준 따뜻한
미역국 먹고 싶어"라며 투정 아닌 투정을 부린다.

어느덧 특별하지 않은 듯 특별한 생일은
소중한 사람과 나누는 따뜻한 밥 한 끼로 충분해졌다.
그 속에서 문득 든 생각.

'나, 참 잘 살고 있구나.'
'나, 제법 어른이 되었구나.'

그래도 오늘은 내 생일이니까.
그냥 흘려보내기엔 아쉬우니까,
혼자 사진 한 장 남겼다.

오늘을 기념하고 싶어서,
오늘이 가장 젊은 날이니까.

예쁘게 찍은 그 사진 한 장을
서랍장에 조심스레 넣어두었다.
언젠가 꺼내보며 오늘을 떠올릴 수 있도록.

그리고 언젠가,
오늘이라는 하루가 참 따뜻했었다고
조용히 웃으며 떠올릴 수 있기를.

특별하지 않아도
조용히 빛나는 오늘,
그것만으로도 충분해

Ⅲ. 함께라는 이유로 반짝이는 하루

사랑은 결국 다정함의 또 다른 이름

난 네가 좋아.

네 주변에서 펼쳐지는 모든 일이
너를 지치게 하지 않으면 좋겠다.
너의 일상이 나로 인해 행복했으면 좋겠다.

네게는 부담 없이 담백하게
수많은 이야기를 털어놓고 싶다.

우리의 예쁜 추억들을 떠올리며
평범한 순간마저 기억하자.

내가 좋아하는 사람이
나를 좋아할 확률은 기적에 가깝다더라.
기적에 가까운 확률로 마주쳐 만나게 된 우리.

"네가 이미 충분히 좋은 사람이라서
덕분에 내가 더 좋은 사람이 될 것 같아."

너로 인해
일상에 가득 찬 사소한 웃음들.
소중한 기억 속 단단한 조각이 되어
힘든 순간마다 슬픔을 다듬어 줄 추억이 되길.

너의 마음도 내 마음과 같기를.

우리의 행복,
소중한 추억을 만들어줘서 고마워.

우리의 속도가 닮아가는 순간

차가운 말투와 행동을 가진 너,
그리고 따스한 마음을 가진 내가 만나
서툴지만 애틋하고, 따뜻한 사랑을 함께 나눴다.

현실적이고 단단한 성향의 너와
조금은 감성적이고 부드러운 나 사이에는
딱히 접점이 없었는데,
너와 나를 이어준 한 명의 귀인이 있었다.

처음에는 그저 평범한 일상 이야기를 주고받았는데
겉으로는 차갑고 무심해 보여도
그 안에서 묻어나오는 너의 따뜻함이 느껴졌다.

지친 하루 끝에 네가 전해주던 한마디,

"오늘 하루는 어땠어요? 많이 고생했어요."

그 말이 유난히 내 마음을 데워줬다.
어쩌면 그때부터였을까.
바쁘게 흘러가는 내 일상 속에서도
네가 툭툭 건네는 안부에 마음이 가기 시작했다.

조금씩 너의 하루가 궁금해졌고
네 일상에 내가 묻어 있길 바라게 되었다.
누구를 만나든, 어떤 일을 하든
네가 겪는 작은 일에조차
내가 함께였으면 좋겠다고,
그 끝이 늘 나였으면 좋겠다고 바라게 됐다.

조금은 용기 내어 전한 한마디,

"우리, 한번 만나볼래요?"

너의 차가운 모습 뒤에 숨은 부끄러움이
참 귀엽게 느껴졌고, 나도 모르게 웃음이 번졌다.

망설임 없는 네 대답,

"좋아요."

그 한마디에 마음이 벅차올랐고
순간 느낀 행복은 쉽게 표현하기 어려웠다.
평범한 하루 속에서 작은 행복을 찾아가는 것,
그게 우리 둘의 유일한 바람이었다.

지친 일상 끝에,
너로 인해 나도 모르게 웃게 되는 것.
서로의 안부를 전하고, 하루를 공유하는 것.
또 함께 꿈을 그리고,
새로운 미래를 이야기하는 것.

우리는 다른 환경에서 자라
공통점만큼 다른 점도 많지만,
작은 다툼마저도 우리 사이를 단단하게 만들어
이 관계를 오래도록 이어가게 해주리라 믿는다.

사랑해
네가 내 곁에 있어 줘서,
같이 있어 줘서
정말 행복해

너와 함께라서 더 좋은 오늘

꾸준한 사랑은
언제나 나에게
행복이라는 선물을 건네준다.

날씨가 좋으면 너와 산책하고 싶어지고,
맛있는 음식을 먹을 때면
너와 함께 왔더라면 하고 생각한다.

풍경 좋은 곳에 가면
다음엔 너와 함께 오고 싶어
살며시 메모장에 기록해 둔다.

작은 일상까지도 함께인 우리.

사소한 행복을 고집하는 나에게
넌 어느새 큰 존재가 되어
내 하루를, 내 마음을 가득 채워준다.

그래서 나는 다짐한다.
작은 행복들을 모아서
우리만의 바구니에 차곡차곡 담아둬야지.

혹시라도 권태로움이라는 감정이
불쑥 찾아오는 순간에도,
그 바구니를 열어
우리가 함께했던 순간들을 꺼내보면
그때의 따뜻함이 지금의 우리를 다시 웃게 해줄 테니까.

매 순간이 행복할 순 없어도
모든 날에 '너와 함께'라는 전제가 붙는다면
나는 아마 자주, 그리고 깊이 웃게 될 거야.

우리의 향기로 물들어 가는 시간

나는 평소 잔잔한 음악을 좋아하는데
알고 보니 너도 그러했다.

처음엔 단순한 우연인 줄 알았지만,
시간이 갈수록 어쩌면 우리가 만난 건
운명일지도 모른다는 생각이 들었다.

너에 대해 알아갈수록
우리는 참 많이 닮아있다는 걸 느낀다.

같은 걸 좋아하고, 비슷한 걸 바라보며,
서로에게 스며들어 간다는 게 어떤 건지
요즘 부쩍 실감하고 있다.

어느새 익숙해진 풍경들이 있다.
시원한 밤공기를 마시며 함께 걷는 산책길,

소란스러운 지하철 안에서 나란히 듣는 음악,
여행길에서 바라보는 같은 하늘,
멍하니 하늘을 올려다보며
너를 생각하게 되는 순간들.

그 순간들 속엔 늘 같은 노래가 흐르고 있었다.
노래는 마치 우리만의 향기 같았고,
너와 내가 뿜어내는 따뜻한 온기처럼 느껴졌다.

어쩌면, 우리가 함께한 그 모든 시간이
조용하지만 진하게 스며드는
우리만의 향기를 만들어 가는 과정이 아닐까.

언젠가 시간이 지나,
지금의 우리를 떠올릴 때가 온다면
그때도 이 향기 같은 추억이
나를, 그리고 너를 따뜻하게 감싸주었으면 해.

같이 걷는 봄길, 그 이름만으로도 따뜻해

어느새, 우리에게도 따스한 봄이 찾아와.

봄이 다가왔다는 소식은 들리는데,
변덕스러운 날씨 탓인지
아직은 피부로 느껴지지 않아.

그런데 이상하게도,
너와 함께하는 이 계절은
햇살이 닿기 전에 마음이 먼저 따뜻해져.

조금만 더 포근해지면 좋겠어.
네 손을 꼭 잡고,
들판 옆 조용한 산책길을 나란히 걷고 싶거든.

뜨거운 여름이 성큼 다가오기 전,
우리의 봄을 천천히, 오래오래 즐기자.

가벼운 대화들이 오가고,
작은 웃음들이 이어지는 날들.

대단하진 않아도 그저 좋았던 순간들이
하나둘 모여, 소중한 기억이 되어가고 있어.

오늘도 그런 날들을 떠올리면
자꾸만 마음이 물결처럼 일렁이고,
너라는 사람 덕분에
이 계절이 더 특별하게 느껴져.

너와 함께라는 이유만으로

너를 만나러 가는 길, 괜히 마음이 두근거렸다.
예뻐 보이고 싶어 나름대로 꾸며본 모습조차
사랑스럽다며 웃어주는 너.
그 따뜻한 시선에 내 마음은 한없이 부드러워졌다.

너와 함께 보내는 시간은
대단한 무언가를 하지 않아도,
그저 하루하루, 순간순간
자꾸만 웃음 짓게 된다.

심지어는 허탈한 웃음마저
우리의 소중한 추억으로 남기고 싶어
사진으로 조심스레 담아두었다.

풋내기 사랑 같은 설렘 가득한 사랑.
시간이 지나도, 이 순간들을 기억하며
함께 추억할 수 있겠지.

사소한 감정까지 함께 나눈 우리는
어느새 더 가까워졌다.

지친 일상의 스트레스가 반복되어
감정 기복이 잦은 날에도
내 이야기에 끝까지 귀 기울여주는 너.

지친 하루 끝, 짜증 섞인 말투로 투정을 부려도
한결같은 너의 공감은
내 마음을 조용히 쓰다듬는다.

그저 너의 목소리를 들으며
하루를 마무리하는 것.
그것만으로도 충분한 위로가 되었다.

그래서 나는,
내일도 기꺼이 힘낼 이유가 생겼다.

풀 내음 사이, 너를 닮은 말들

일교차가 큰 날씨 탓일까,
기분도 덩달아 오락가락한 아침.

뿌연 하늘을 뒤로한 채,
오늘도 어김없이 해는 떠오른다.

동네 공원을 산책하며
하루의 일과를 조용히 계획한다.
풀 내음이 제법 짙어진 걸 보니,
여름이 성큼 다가오고 있나 보다.

참새가 지저귀고,
무성히 자라난 새싹들이 꽃잎을 피운다.

어느새 어여쁜 데이지가 되어 나를 반긴다.

"아, 예쁘다. 이 꽃은 너를 닮았어."

내게 칭찬을 아끼지 않던
그 따뜻한 말이 문득 떠오른다.

"계란꽃, 너무 예쁘지?"

작고 소박한 그 꽃의 이름도
이제는 정겹게 느껴진다.

계란꽃이라 불리는 데이지의 꽃말은
'친근함'과 '사랑'.
마치, 우리를 말해주는 것 같다.

뿌연 하늘 사이로
한 줄기 빛이 내려와
우리의 계절을 노래한다.

그 빛을 따라,
오늘도 너를 닮은 하루가 시작된다.

너와 함께여서, 오늘도 빛나는 하루

누구도 단 한 번뿐인 인생에
정답이 있다고 말한 적은 없었다.

아직 제자리를 찾지 못해 방황하는 너에게
나는 오늘도 조심스레 위로를 건넨다.

"걱정하지 마, 네 곁엔 내가 있어.
너는 지금도 충분해.
조금 느려도 괜찮아.
네가 걸어가는 길은 오로지 네 것이니까."

"무조건 잘될 거야.
그러니까 기죽지 마.
넌 언제나 최고야."

나는 너에게 작은 위로를 건네고
너는 나에게 큰 행복을 되돌려주었다.

"지칠 때마다 작은 위로가 되어줘서 고마워.
넌 내 행복이야."
내게 스며든 다정함에 나도 모르게 울컥했다.

몸과 마음이 지쳐 투정 부리듯 마음을 내비쳤던 날,
너는 한 치의 망설임도 없이 이렇게 말했다.

"누가 또 널 힘들게 했어?
토닥토닥, 괜찮아.
우리 같이 힘내보자."

그 따뜻한 말 한마디가
내 마음속 깊이 스며들어 큰 힘이 되었다.

그제야 깨달았다.
'네가 없었다면, 나는 벌써 무너졌을지도 몰라.'

우리는 함께여서 더 빛났다.
서로에게 없어서는 안 될 소중한 관계.
그렇게 우리는 더 가까워졌고,
마음 깊이 진심을 나누었다.

"고마워. 무슨 일이 있든
언제나 내 곁에서 함께해 줘서,
너는 나에게 가장 큰 위로야."

웃음 가득한 하루

화창한 어느 날,
너에게 연락했다.

날이 좋다는 핑계로
너를 만나고 싶어서.

오늘 하루를 함께 시작하고
산책을 하며 이 행복한 감정을 나누고 싶었다.

"와, 오늘 하늘이 너무 예뻐."

몽글몽글 피어오르는 구름을 보며
나의 감정을 공유하고
네가 좋아하는 음식을 같이 먹었다.

칠칠찮게 음식을 흘려도
아무렇지 않게 닦아주는 너,

나의 사소한 행동에도
가득 신경 써 주는 네 마음이 느껴진다.
그러자 사소한 감정마저, 당연시하지 않게 된다.

문득 생각했다.

'아, 나 지금 사랑받고 있구나.'

조금씩 나를 닮아가는 너,
조금씩 너를 닮아가는 나.

시시콜콜한 대화 속에
장난스러운 웃음이 난무할 때면
우리는 그 순간을 한껏 즐겼다.

너를 통해 평범한 일상에서도
이렇게 웃음이 가득할 수 있다는 걸 깨달았다.

잘 웃지 않던 내가
너를 만나고
잘 웃는 사람이 되었다는 것을 발견했다.

너로 인해
평범한 하루에도
웃음 짓게 되었다

사랑이 머무는 순간들

별 볼 일 없던 하루가
너로 인해 특별해진다.

책을 좋아하는 나를 위해
따스한 문장이 담긴 에세이를 건네주는 너.

커피를 좋아하는 나와
조용히 마주 앉아 커피 한 잔을 나누는 너.

장난기 가득한 나의 말장난에도
티키타카, 맞장구를 쳐주며 웃음을 주는 너.

사랑이라는 이름 아래
쓸모없는 감정은 단 하나도 없다.

내가 그토록 찾아 헤매던 다정함도, 배려도,
따뜻함도 모두 담겨 있었다.

네가 조용히 건네는 마음속 '사랑'에
나는 매일매일, 예쁨을 듬뿍 받는다.

그래서 생각했다.
내가 받은 사랑보다 더 큰 사랑을
너에게 되돌려주고 싶다고.

사랑은 서로를 닮아가는 과정이자
더 단단해지는 시간의 연속이다.

"그 모든 시간 속에
네가 있어서 참 다행이야."

내가 바라는 너의 모습은

사소한 장난에도 해맑게 웃어주는 너였으면 좋겠어.
그 웃음 하나로 하루가 참 따뜻해지거든.

걱정이 많은 나에게
괜찮다고, 별일 아닐 거라고
조용히 안심을 건네주었으면 해.

우리가 좋아하는 일로
취미를 만들어
그 시간을 함께 즐기는 사이였으면 좋겠어.

겉으로는 무심한 듯 보여도
누구보다 나를 잘 알고,
항상 나를 가장 먼저 생각해 주는 너라면 참 좋겠어.

하루의 끝에서 서로의 일과를 공유하면서

"오늘도 고생 많았어."

다정하게 한마디 건네준다면
나는 세상 누구보다
따뜻한 사람이 될 수 있을 것 같아.

작은 쉼, 그리고 큰 위로

아무것도 하지 않아도
시간은 묵묵히 흘러간다.

때론 아무것도 하지 않은 채 흘러간 하루조차
작은 위로가 되어주곤 한다.

어느새 무더운 여름이 성큼 다가왔다.

푸르른 향기를 가득 머금은 나무와 풀들,
그 사이를 이리저리 날아다니는 새들을 바라보며
또 한 계절을 맞이했다.

사계절 중 가장 생동감 넘치는 여름,
이른 장마가 시작되기 전
가장 예쁜 노을을 만나고 싶어
발걸음을 한강으로 옮겼다.

싱그러운 풀 내음을 맡으며 생각해 본다.

'얼마 만에 이런 여유로움을 느껴보는 거지?'

남의 시선을 신경 쓰지 않아도 되고
온전히 나를 위해 집중할 수 있는 시간.
그 순간들이 얼마나 소중하고 값진지,
다시금 깨닫는다.

눈부신 햇살 아래 피어난 뭉게구름을 바라보며
"산책 잘 나왔다, 너무 예쁘다."
몇 번이나 중얼거렸다.
이 순간마저 기록하고 싶었다.

오늘 하루가 저물기 전,
오늘의 나를 기록한다.
그리고 이렇게 사소한 행복이
얼마나 큰 위로가 되어주는지 새삼 느끼며
하루를 마무리한다.

혹시 지쳐있다면, 일상 속에서
잠깐의 여유를 찾아봐도 좋다.

점심시간에 마시는 커피 한 잔,
장시간 같은 자세로 일하다가
잠시 일어나 스트레칭을 하는 시간,
혹은 퇴근길에 나에게 건네는 짧은 쉼의 시간.

단 10분이라도,
나를 위해 마음의 숨을 고를 수 있는
여유를 꼭 가져보길.

그때 누린 작은 평화가,
생각보다 더 큰 힘이 되어줄 테니까.

천천히, 그러나 꾸준히

남들보다 조금 느리게 성공해도 괜찮아.
묵묵히 노력해 온 너라면,
언젠가는 분명 좋은 결과가 찾아올 거야.

노력은 배신하지 않으니까,
우리 함께 조금만 더 힘을 내보자.
최선을 다한 결과가
꼭 대단한 성공이 아니어도 좋아.

너는 이미 충분히 멋진 사람이니까,
결코 좌절할 필요 없어.

나는 언제나 네 곁에서,
너를 믿고 응원하고 있을게.

우리, 함께하며 조금씩 더 행복해지자.

작은 응원이 큰 힘이 되기를

오늘 아침,
유난히 밝고 여유롭게 하루를 시작했다.

모처럼의 휴일.
특별한 일정도 없어 오랜만에 느긋하게 하루를 열었다.

그런데 왠지 모르게, 너의 하루가 자꾸 궁금했다.
사소한 네 일상, 오늘 어떤 하루를 보낼지
괜스레 마음이 쓰였다.

그래서 조심스레 물었다.

"오늘은 퇴근하고 뭐해?"

혹시 부담스럽지 않을까- 걱정도 했지만
네 일상이 궁금한 건 어쩔 수 없었다.

"퇴근하고 카페 가서 공부하려고."

툭 던진 그 말에 나는, 작게나마 응원을 보냈다.
무심히 건넨 커피 기프티콘 하나와 함께

"오늘도, 파이팅!"

조용하지만 진심 가득한 마음을 담아 보냈다.

시험을 앞두고 있는 너.
괜찮다고 말하지만 난 알아.
너의 마음 한편에 있는 떨림과 불안을.
괜히 결과가 나쁘면 어쩌지 하는 걱정과
말은 안 하지만 스스로에게 거는 기대를.

그래서 나는 생각했다.
'그 걱정을 내가 반쯤 가져갈 수 있다면 얼마나 좋을까.'

그렇게 마음속으로 수없이 중얼거리다가
결국엔 너에게 전했다. 나의 응원의 마음을.

"내가 늘 곁에서 응원할게."

너는 또 씩 웃으며 "나 원래 잘해!" 하고 말했지.
애써 씩씩한 척하는 너의 모습이
왜 그렇게 귀엽고도 안쓰럽던지.

작게나마 나의 응원의 마음이 너에게 닿아
오늘의 너를 조금 더 단단하게 해주었으면 좋겠다.
그게 시험이든, 일이든,
혹은 그저 하루를 살아내는 것이든.

누군가의 작은 응원 한 줄이
생각보다 오래 기억에 남을 수 있다는 걸
오늘 너를 통해 다시금 느꼈다.

그러니,
이 글을 읽고 있는 당신에게도 말하고 싶다.

"작게 나마, 응원할게요
당신의 하루가 잘 풀리기를
당신이 하는 일이 전부 잘되기를
우리, 정말 함께 파이팅해요"

너와 함께여서 더 특별했던 순간

언제부터였을까.
너와 하고 싶은 것들을
메모장에 차곡차곡 적어두었다.

그중 하나,
가까운 곳이라도 좋으니, 단둘이 여행 떠나기.

날이 풀리고, 더 더워지기 전에
캠핑을 가보자고 마음을 맞췄다.
가까운 섬으로 갈 계획을 잡고,
아침부터 잔뜩 설레었다.

비록 날씨 요정은 오지 않아
흐린 하루를 맞이했지만
그마저도 우리에겐 충분히 즐거운 시간이었다.
도심보다 한적한 섬을 선택한 덕분에
둘만의 고요함을 마음껏 누렸다.

얼큰한 조개 칼국수로 속을 달래고
끝없이 펼쳐진 바다가 보이는 오션 뷰 카페에 들렀다.

날씨 탓에 푸른 바닷빛은 보지 못했지만
잔잔하게 스며드는 낭만만큼은 충분히 느낄 수 있었다.

카페에서 흐르던 감성적인 음악을 배경으로
이런저런 이야기를 도란도란 나누며
오늘의 남은 시간을 함께 계획했다.

"바람이 많이 불지 않으면 캠프파이어를 하자.
혹시 바람이 세면, 숙소에서 조용히 이야기를 나누자."

일교차가 큰 날씨 덕분에
결국 불멍은 다음을 기약했지만
대신 서로에게 집중하며
조용히, 진심 어린 대화를 나눴다.

앞으로의 인생 이야기까지 꺼내면서
함께 그려볼 미래를 상상했다.
그리고 너에게 진심이 담긴 말을 전했다.

"겉으로는 단단해 보여도 속은 한없이 부드러운 나를
이렇게 살뜰히 안아주는 네가 있어 참 다행이야.
네가 있기에 나는 매일 웃을 수 있어."

그렇게 함께한 우리의 첫 여행은
특별한 이벤트나 화려한 순간이 없어도
마음을 나누는 것만으로 충분히 빛났다.

앞으로의 여행도,
앞으로의 하루들도 너와 함께라면
언제나 따뜻하고 행복할 것 같다는
믿음이 생겨났다.

다시 일상으로 돌아가더라도
오늘의 이 순간처럼,
우리는 함께여서 늘 행복할 거라고
마음 깊이 다짐하며 여행을 마무리했다.

우리 함께여서
오늘이 더 따뜻하고 행복해

너의 하루 일과의 끝자락에서

너를 만나기로 한 날이 다가오기 며칠 전부터,
잔뜩 기대에 부풀어 있었다.

우리가 만나 어떤 이야기를 나누게 될까.
내가 건네는 말들이 너에게 웃음이 되어 돌아올까.

사소한 일상 하나까지도
너와 함께 나누고 싶다는 마음이
머릿속에 가득 차 멍하니 혼자 생각에 잠기기도 했다.

"그래, 오늘이다!"

날씨도 내 마음을 읽은 걸까.
하루의 시작을 맑고 선선하게 밝혀주었다.
푸릇한 여름 내음, 상쾌한 바람.

폭염주의보가 예보되어 있던 터라
휴대용 선풍기 두 개를 챙겼다.

뜨거운 햇살에 시야가 아른거리던 찰나,
저 멀리서 익숙한 너의 그림자가 보였다.

너를 마주한 순간,
마치 어린아이가 좋아하는 걸 보고 뛰어가듯
너에게 달려갔다.

반가움을 온몸으로 표현하게 되는 것,
그게 바로 너라는 사람을 마주한 나의 감정이다.

자주 만나든, 아주 오랜만이든,
너는 늘 설레고 반가운 존재.

어쩌면 맑고 투명한 네가 내 곁에 있어 주기에,
가끔은 무거웠던 내 마음도
조금씩 밝아지고 있는 걸 아닐까.

너를 만나고 나서, 나의 하루하루가
작은 행운으로 채워지고 있다.

너 덕분에 사소한 것 하나에도 웃을 수 있게 되었고,
그저 평범했던 하루가 특별하게 바뀌었다.

지금 나의 하루는,
너라는 행운이 머무는 시간이다.

너와 함께하는 매일이
그저 평범하지만
가장 소중한 선물이다

웃음이 머무는 집

뜨겁던 여름이 지나고 선선한 가을이 찾아왔다.
어느새 일상의 사소한 이야기를 편안하게 나누는
친밀함이 깃들었다.

이젠 카페에 가면,
굳이 묻지 않아도 서로가 좋아하는 음료를 주문한다.

말없이 앉아, 창밖을 바라보며
고요한 시간을 함께 보냈다.
그런 순간들이 쌓일수록,
맑은 웃음이 스며드는 일상을 꿈꾸게 된다.

서로의 하루를 공유하고,
하루의 시작과 끝에 안부를 나누는 일.
그 무엇보다 따뜻하고 고마운 일이 되었다.

당연했던 일상조차,
서로에게 물들며
허탈한 너털웃음까지도 소중한 풍경이 되었다.

하루를 마무리하며 걸려온 전화 한 통.
수화기 너머 전해지는 다정한 목소리.
나도 모르게 지어지는 미소.

사소한 일상 이야기들이
하루를 더욱 특별하게 만든다.

'이런 평범한 날들이,
미래에는 더 소중해지지 않을까.'

그래서 오늘도 우리는
맑은 웃음을 차곡차곡 쌓아간다.

우리만의 작은 웃음집을 짓듯,
소중한 일상을 함께 채워나간다.

# Ⅳ. 오늘의 나도 충분해

좋은 사람이기를

"내가 좋은 사람이 되어,
내게 좋은 사람이 오기를."

캘리그라피를 시작한 후
가장 많이, 자주 써 내려간 문장이다.

내가 조금 더 나은 사람이 되어
좋은 영향력을 나누고,
그로 인해 좋은 기운이 내게 닿아
좋은 사람이 내 곁에 오기를.
그런 마음으로, 글씨를 쓰고 마음을 다졌다.

'좋은 사람'보다는 '더 나은 사람'이 되고 싶었다.
끊임없이 이타적이려 애쓰며 스스로를 다독였다.

그렇게 그저 몸에 밴 친절로 건넨 말과 행동에도
누군가는 깊은 위로를 받았다.

"너는 성격이 참 좋아."
"너는 정말 착한 아이야."

내게는 당연했던 배려가
누군가에게는 잊히지 않는 고마움이 된다는 것.
그것이 꽤 오랫동안 내 마음에 남았다.

물론, 무한정 베푸는 친절과 착함이
항상 정답은 아니리라.

하지만 나는 지금,
그 배려와 이해를 통해
조금씩 더 나은 사람이 되어가는 중이다.

누군가의 비난 앞에서도
끝까지 나 자신을 믿는 것.

비교하지 않고, 나만의 좌우명을 지켜가며
오늘보다 더 나은 내일을 꿈꾸는 삶.

나는 나대로,
충분히 잘 살아가고 있다.

작은 달콤함이 주는 위로

별일 없는 평범한 일상에,
작은 특별함이 스며들면
나는 그 순간을 메모장에 담아두곤 한다.

소중한 휴일, 햇살이 따사로운 정오,
좋아하는 카페에 들러 달달한 커피 한 잔을 주문했다.

평소 단 음료를 잘 즐기지 않지만,
오늘은 왠지 달콤한 게 생각났다.

첫 모금이 입 안 가득 퍼질 때,
당 스파이크처럼 올라오는 짧은 웃음이
나도 모르게 얼굴 가득 번졌다.

조금만 마시고 거의 다 남기게 될 걸 알면서도,
그 순간만큼은
나를 웃게 하는 작은 사치를 허락해 본다.

그 달콤함은,
지친 일상에서 잊고 지낸 웃음을 되찾아 주고
반복되는 하루를 다시 시작할 힘을 준다.

꼭 크고 특별한 무언가가 아니어도,
이렇듯 작은 것에서 오는 기쁨이
가끔은 더 큰 행복감을 준다.

'인생은 언제나 달콤하지는 않아.
때로는 달콤함 뒤에 따라오는
씁쓸함도 있기 마련이야.'

그 씁쓸함을 알기에,
잠깐의 달콤함에 더 감사하게 되는 하루,

한 자리에 머물며 안정감을 누릴 수도 있지만
나는 오늘도, 더 나은 내일을 향해 걸어간다.

도태되지 않기 위해서가 아니라,
성장한 나 스스로를 뿌듯하게 바라보기 위해서.

그 한 잔의 달콤한 커피처럼,
오늘도 나에게 작은 위로 한 모금을 건넨다.

그리고 나는 그 위로를 꼭 쥐고,
변함없이 앞으로 걸어 나간다.

짧은 달콤함도
내겐 충분한 행복이 되고
그 행복으로
내일을 살아갈 힘이 된다

오늘을 견디는 이유

쓸쓸하게 마무리되는 하루일지라도
나에게는 여전히, 내일을 기대할 이유가 있다.

아주 사소한 일에도
웃음을 지을 수 있다는 믿음,
그 믿음이 오늘의 허전함을 조용히 달래준다.

'내일은 조금 더 따뜻할지도 몰라,
지금의 쓸쓸함도
내일의 웃음을 위한 작은 여백일 뿐이니까.'

부정적인 마음이 찾아올 때면,
그보다 더 크게 다가올 긍정의 순간들을 떠올린다.

그래서 오늘도, 나는
작지만 단단한 기대 덕분에 하루를 견뎌낸다.

오늘 공허했던 마음도
내일의 행복을 위한 쉼표야
지친 나를 잠시 내려두고 쉬어가자

힘들면, 잠시 쉬어가도 괜찮아

고된 날이 반복되고,
지친 마음이 자꾸만 가라앉는 날.
그럼에도 잘 살아내기 위해 정말 애썼다.

그러다 맞이한 휴일.
오직 이날만을 바라보며 달려왔는데,
막상 휴일이 되면 마음이 복잡해졌다.

'어떻게 보내야 알차게 보냈다고 말할 수 있을까?'
무언가를 꼭 해야만 할 것 같은
강박 속에 나를 가둔 채, 산책이든, 독서든
뭐라도 이루고 싶은 마음이 앞섰다.

그러나 온전히, 아무것도 하지 않아도
괜찮은 날이 있다.
조금은 느슨해져도 괜찮은 날.

가끔은 텅 빈 공백이
마음을 채워주는 위로가 되기도 하니까.

지친 마음은 잠시 내려놓고,
그저 나에게 조용히 집중하는 하루.

'잘 살아내기 위한 쉼'을
스스로에게 선물하는 하루.

공허한 날, 나를 안아주는 습관

공허한 하루를 달래줄,
나만의 작은 취미가 하나 있다.

하루가 저물기 전,
오늘의 나를 돌아보며 일기를 쓰는 일.

매일 정해진 일을 해내고,
시간에 쫓기듯 하루를 살아내다 보면
문득, 나 자신이
어디쯤 와 있는지 모를 때가 있다.

그럴 때면 스스로에게 조심스럽게 묻는다.

"오늘 하루는 어땠어?"
"많이 힘들진 않았어?"

그리고 다정히 말해준다.

"지금 이대로도 충분히 괜찮아."
"오늘도 잘 버텼어. 고생했어."

크게 특별할 것 없는 하루였지만
그 하루를 무사히 이겨낸 나를 토닥이며
공허했던 마음을 작은 뿌듯함으로 채워간다.

모든 날이 정답일 수는 없어도

정답이 꼭
항상 정답은 아니듯이,
원하는 대로, 바라는 대로
다 이뤄지지 않는 날도 있다.

그럴 때
그저 멍하니 시간을 흘려보내는 하루도 괜찮다.

그런 날은
누구에게나 가끔 필요하다.

인생이 어찌
늘 기대한 방향으로만 흘러갈까.

좋았던 순간은 추억이 되고,
아팠던 순간은 결국
더 단단한 경험이 된다.

모든 것이
계획대로 되지 않아도 괜찮다.

지금 이 시간이 지나면
너는 분명히 더 멀리, 더 깊이
나아가고 있을 것이니까.

그러니 미리 걱정하지도 말고,
스스로를 자꾸만 다그치지도 말자.

이 또한 분명히 지나가고,
그 끝에서 더 나아진 너를 마주하게 될 테니까.

기분 좋은 날의 조각

미세 먼지로 뿌옇게 물든 서울 하늘도
가끔은 선물처럼 맑아지는 날이 있다.

구름이 몽글 피어있는 하늘 아래
잔잔히 부는 바람,
거기에 따듯한 햇살을 곁들인
한 마디로 날씨부터 완벽한 날.

그것만으로도 나에겐 이미 행운이 찾아왔다.
그 순간을 놓치고 싶지 않아
정성스레 몇 가지를 준비해 한강으로 향했다.

온기가 가득한 햇살을 즐기며 함께 마주한 우리,
맛있는 커피 한 잔을 마시면서
정이 담긴 이야기를 나누는 여유를 부린다.

"아, 너무 행복해"를 수없이 남발하며
그날의 하늘과 내 기분을 한 장의 사진에 담았다.

이 순간이 또 언제 찾아올까 싶어서,
행운 가득한 하루를 오래오래 기억하고 싶어서.

지나간 어제를 추억하고
다가온 오늘을 즐기며
내일을 기대할 수 있는 마음.

그 마음이
나에게 가장 큰 행운으로 다가왔다.

스스로에게 전하는 응원의 한 줄

"긍정적인 하루, 긍정적인 마음!"
오늘도 다짐하며 머릿속 한 편에 되뇐다.

지하 저 끝까지 내려가는 자존감 때문에
이따금씩 부정적인 생각이 들 때가 있다.

그럴 때면 긍정적인 마음가짐으로
긍정적인 하루를 만들 수 있길 바라며
마인드 컨트롤을 한다.

열심히 살아온 모든 날이
부정적인 생각 하나 때문에 무너지지 않도록,

"이 정도면 충분해. 충분히 잘하고 있어."

"오늘 하루 힘든 일 겪으면 어때,
내일은 두 배로 웃게 될 거야."

"너 정말 대단하다. 결국엔 잘 이겨내고 있잖아."

모든 날 행복할 순 없지만
모든 순간 웃을 수는 있으니까.

오늘도 너를 응원해

너에게 작은 응원의 말을 전한다.

"이미 충분해."
"지금까지 노력하느라 고생했어."
"노력한 만큼 앞으로 좋은 일이 가득할 거야."
"무너지지 마, 조금만 더 힘내보자."

말하지 않아도 알 것 같은 너의 마음,
애써 괜찮은 척 웃고 있는
너의 하루가 눈에 밟혀서.

"지금껏 정말 잘해왔어."
"작은 것 하나에도 마음을 쏟고,
포기하지 않고 여기까지 걸어온 너는
이미 충분히 잘하고 있어."

모든 노력은 결국 너를
더 좋은 방향으로 데려다줄 거야.

그러니 지금 숨이 차 허덕이고 있다면
잠시 쉬어가도 괜찮아.

주저앉는 것도,
잠깐 멈추는 것도 괜찮아.

무너지지 마.
조금만 더 힘내보자.

그 끝엔 분명
너만의 햇살이 기다리고 있을 테니까.

그 정도면, 충분하다

'삶이 뜻대로만 흘러가면 얼마나 좋을까?'
라는 생각이 들 정도로,
오늘도 지극히 평범하게 하루를 또 버텨냈다.

야간 근무를 마치고 돌아온 집.
7년째 반복되는 교대 근무지만.
야속하게도 몸은 좀처럼 익숙해지지 않는다.
쉬는 날만을 바라보며 달려온 하루의 끝에서
나는 또다시 마음을 다잡는다.

'오늘은 나를 위한 하루로 살아보자.'

잠든 몸을 억지로 깨우고,
눈을 비비며 일어난다.

소중한 휴일을
그저 잠으로만 채우고 싶진 않아서,
조금 피곤해도 오늘 하루를 나답게 살아내기로 한다.

나에게 있어 '쉬는 주말'은 흔치 않기에
오늘처럼 평범한 주말에
산책할 수 있는 것만으로도 기분이 좋아진다.

흐린 날씨도 괜찮다.
그 흐림 덕분에 더 쾌청한 하늘을 기대할 수 있으니까.

무작정 공원을 걷는다.
숲이 풍기는 맑은 공기를 가득 들이마시고
조용히, 크게 한숨을 내쉰다.
지친 마음도 함께 내려놓는 기분이다.

마음의 짐은 누구에게나 있고,
인생은 원하는 대로만 흘러가지 않는다.

하지만 오늘, 이렇게 숨 쉬고,
햇살을 맞으며 걷고,
잠깐이라도 편안함을 느낄 수 있었다면
그걸로 된 거 아닐까.

그 정도면, 충분한 하루.

느좋한 하루, 나를 위한 시간

'느좋'이라는 말을 좋아한다.
느낌 좋은, 그리고 기분 좋은
두 감정이 닮아있어서일까,
듣기만 해도 미소가 지어진다.

날이 흐려도,
애정하는 장소에 도착하면
어느새 마음이 환해지고 저절로 웃음이 난다.

느좋 카페,
느낌 좋은, 그리고 가장 좋아하는 그곳에 앉아
오늘도 조용히 하루를 써 내려간다.

평소 글을 쓰고, 글씨를 쓰는 것을 좋아하는 나.
오늘은 오롯이 나를 위한 하루를 선물했다.

텅 빈 시간 속,
책을 읽고 마음에 스며드는 감정들을
글로 남기며 천천히 나를 다독인다.

모든 순간에 열정과 욕심을
가득 담지 않아도 괜찮다.

흘러가는 시간을 무심히 바라보며,
그저 지금, 이 순간을 온전히 느끼는 것.
그게 바로 '느좋한 하루'를 살아가는 방법이 아닐까.

무심한 듯 평온한 오늘,
그 안에서 나를 위로하는 시간도 꼭 필요하다.

나 자신이 가장 큰 응원자야

반복되는 힘든 일로 인해 기운 빠지는 날,
이런 날이 불쑥 찾아올 때가 있다.

'언제쯤 괜찮아질까?'
'이번에도 잘 이겨낼 수 있을까?'

끝없이 이어지는 고민은 나를 자꾸만 지치게 만든다.

하지만 이럴 때일수록, 마음속으로 되뇐다.

'좋은 생각이 좋은 나를 만든다.'
'이 또한 지나간다. 이건 성장통일 뿐이야.'

스스로에게 힘을 주듯, 다짐하고 또 다짐한다.
이겨내야 한다고, 버텨야 한다고.

문득, 지나온 시간을 되돌아본다.
그때도 힘들었고, 아팠고, 외로웠지.
하지만 결국엔 다 이겨냈고,
그래서 지금의 내가 여기에 있어.

사람은 끝없이 시행착오를 겪으며 살아간다.
실패를 통해 배운다.

좋았던 순간은 추억이 되고,
아팠던 순간은 경험이 된다.

그 모든 시간이 지금의 나를 만들었고,
그 과정을 견뎌낸 내가 참 대견하다.

그러니, 쉽게 무너지지 말자, 좌절하지 말자.
무엇보다 나는 나 자신을 가장 크게
응원하는 사람이니까.

"괜찮아, 너라서 이겨낼 수 있어."

소소한 봄, 그 속에 피어난 웃음

나는 왜 행복하지 않을까.
좌절하고 무너지고,
행복하고 싶단 이유로
자꾸만 욕심을 내서 그런 건 아닐까?

욕심을 버리고
있는 그대로를 받아들이자.

불행이 나타나지 않는 것만으로도
이미 충분한 행복이다.

오늘 하루도 큰 욕심 없이 흘러간 것,
반복되는 일상일지라도 그 속에서 특별함을 찾았다.

길을 지나가다 우연히 발견한 벚꽃 나무.
변덕 심한 날씨 아래
텅 빈 나무들 사이

기필코 피어나리라 하고 피어난 벚꽃 잎이
홀로 가득 피어 꽃내음을 뽐낸다.

"아, 봄이 왔구나."

분홍빛이 가득한 벚꽃 잎을 바라보며
너무 예쁘다—를 외쳤다.
봄 향기에 가득 취해 소소한 행복을 느꼈다.

"오늘 하루도 열심히 살았구나, 참 대견해."

자신을 토닥이며,
봄날이 어서 지나가기 전에 가득 느껴보자.
봄 내음에 스며들며 덩달아 웃음 짓자.

힘든 순간이 찾아오더라도 그저 잠시일 뿐
그동안 느꼈던 행복들이
나를 다시 일어서게 해줄 테니까,

사소한 순간을 만끽하고 오늘을 사랑하자.
나의 하루는 소중하니까.

잠시 멈춤이 전해준 것들

공허함이 반복되고,
그로 인해 무기력한 하루들이 쌓여간다.

그저 '적당히', '평범하게' 살아가길 바랐는데
어느새 그 평범한 일상조차 지루하게 느껴질 때가 있다.

텅 빈 마음을 달래기 위해,
용기 내어 짧은 휴가를 떠났다.

바쁜 일상에서 찾아온 단비 같은 이 시간만큼은
더 부지런히 움직이고 싶었다.

쌓아둔 체력을 몽땅 쏟아붓듯
아침 일찍 일어나 식사를 챙기고
도시 곳곳을 누비며 사진도 많이 남겼다.

작은 공간에서도
예쁜 추억 하나쯤 꼭 담고 싶었으니까.

색다른 문화도 접하고,
익숙지 않은 음식도 용기 내어 맛보았다.

'이렇게나 빠르게 흘러가는 시간 속에
도전이 두려워 멈춘다면
얻는 것보다 잃는 게 더 많겠구나.'

'주어진 시간을 어떻게 쓰느냐에 따라
색다른 나를 만날 수도 있겠구나.'

늘 생각이 많고 걱정도 많은 내가
조금은 불편하고 낯선 곳에서도
행복한 순간을 느낄 수 있었던 이유는
'내가 나를 위한 시간을 선물했기 때문'이 아닐까.

잔뜩 지쳐있던 나에게 말해주고 싶다.

양쪽 어깨에 짊어진 무거운 짐을
잠시 내려두어도 괜찮다고.
내일을 살아가기 위해,
오늘은 잠깐 쉬어도 괜찮다고.

오늘, 꼭 최선을 다하지 않아도 괜찮아

"영원히 살 것처럼 꿈꾸고, 오늘 죽을 것처럼 살아라."

- 제임스 딘

늘 이 말을 마음에 새기며
내일이 오기 전에
오늘을 위해 최선을 다해야 한다고 생각했다.

때로는 마음을 꾸역꾸역 눌러가며,
스스로를 몰아붙였다.

물론,
오늘 하루 최선을 다하며 살아가는 삶은 참 멋지다.

하지만… 꼭 그래야만 하는 건 아니다.
오늘이 지나도 내일은 또 찾아오고,
내일의 나도, 내일에는 오늘이 나일 거니까.

때로는
"오늘 하루도 그냥 무사히 지나갔다면,
그걸로도 충분해"라고 말해도 괜찮다.

지금은 마음의 여유가 부족하니
무언가 더 하려 애쓰지 말고
해온 만큼만, 그대로 유지해도 괜찮다.

나, 지금까지도 정말 잘 해왔으니까.

그러니 조금만 더,
힘내보자고 스스로 다독여 본다.

네가 꾸준히 행복했으면 좋겠다

어느 날, 문득 이런 생각이 들었다.

'왜 나는 항상,
최선을 다하는 순간에 불행이 따를까?'

슬픔에 잠겨있는 나를 마주한 이들은
저마다의 방법으로 나를 위로했다.

"너는 뭐든 열심히 하잖아.
분명 잘될 거야. 꽃길만 걷자."

그 말에 기대어, 힘차게 시작했고
다가오는 모든 길이 진짜 꽃길일 줄만 알았다.

하지만 순조로웠던 출발과 달리
현실은 내게 쉽사리 길을 내주지 않았다.

작은 실수가 반복되었고
중요한 순간마다 자꾸만 스스로에게 실망했다.

분명 열심히 했는데,
운이 따라주지 않은 탓일까.
나 자신을 한심하게 여겼다.

모든 걸 잘하고 싶었던 마음,
어쩌면 욕심이었는지 모르겠다.

행복해지고 싶어 뛰어들었던 도전은
나를 무너뜨리는 결과로 돌아왔고,
그 자리에서 많이 흔들렸다.

그럼에도 불구하고,
늘 긍정이라는 끈을 놓지 않으려 했다.

하지만
노력만으로는 안 되는 일들이 있다는 걸
마주하게 되었을 때,
사실은 조금 서러웠다.

그때, 한 친구가 다정하게 말했다.

"괜찮아. 누구나 자기만의 시기가 있는 거야.
넌 늘 성실하잖아. 결국엔 너답게 해낼 거야.
내가 응원할게. 지금처럼만 조금 더 힘내보자."

넘어져 있던 마음이 조금씩 일어섰다.
그리고 다시 믿게 됐다.

나는, 또 잘 해낼 수 있을 거야.
조금 느려도 괜찮아.
지금처럼만, 꾸준히.

고요한 밤, 스스로 다독이는 편지

"너의 하루가 어땠든,
오늘은 여기까지도 괜찮아."

"힘들었다면 오늘은 마음껏 쉬어도 돼.
그걸로 충분해."

서른이라는 계절이 알려준 것들

스무 살의 나에게
세상은 꽤 넓고 가능성으로 가득해 보였다.

그러다 어느덧,
서른이라는 숫자 앞에서 걸음을 멈춘다.

아직도 미완성인 나를 바라보며
이제야 조금씩 알게 되는 것들이 있다.

1. 모든 인연이 친구가 되지는 않는다.
   언제나 함께 웃고 떠들던 사람이라고 해서
   내가 힘들 때 곁에 머물러주는 건 아니었다.
   그래서 이제는 '친구'라는 단어를
   조금 더 조심스럽게 꺼내게 된다.

2. 멀리서 보면 희극 같지만,
   가까이서 보면 비극일 수 있다.
   늘 밝아 보이는 누군가의 삶에도
   각자의 사정과 무게가 존재했다.
   그렇기에 쉽게 판단하기보단,
   그저 조용히 마음을 건네는 사람이 되고 싶다.

3. 정작 힘들 때 옆에 있어 주는 사람은 많지 않다.
   수많은 연락처가 저장되어 있지만
   내가 울고 싶을 때 전화할 수 있는 사람은
   지극히 소수였다.
   그래서 그 몇 사람에게 더 많이 고맙다.

4. 무너져 봐야, 내가 얼마나 애썼는지 알게 된다.
   버티고 또 버텼지만 모든 걸 내려놓고 나서야
   비로소 "나, 참 열심히 살아왔구나" 하고
   스스로를 안아주게 된다.

5. 배움의 시간은 끝나지 않는다.
학교를 졸업하면 공부도 끝날 줄 알았는데
인생이란 커리큘럼엔 끝이 없었다.
나는 지금도 여전히, 배우고 있으며 성장하고 있다.

6. 기회가 왔다면, 주저하지 말고 달려들어야 한다.
망설이다 놓쳐버린 순간들 앞에서
뒤늦게 후회하지 않도록.
기회가 왔을 때 열정을 다해 붙잡아야 한다.

7. 곁에 있을 때 잘해야 한다.
늘 내 곁에 있을 것 같지만
언제든 떠날 수도, 멀어질 수도 있다.
그래서 지금, 이 순간이 더 소중하고 간절하다.

8. 정해진 답은 없다.
누군가의 방식이 정답처럼 보일지라도
나에게 꼭 맞는 길은 따로 있다는 걸 이제는 안다.
내 속도의 삶을 살아가는 것이
무엇보다 중요하다는 걸.

9. 누구나 오르막길과 내리막길을 걷는다.
　가끔은 너무 가파른 것 같아 힘들지만
　잠시의 내리막은 다음 오르막을 위한 준비일 뿐.
　그러니 너무 쉽게 포기하지 말자.

10. 책 읽기와 운동이 결국 나를 지켜준다.
　무기력한 날들 속에서
　마음을 다시 일으키는 건 작은 습관이었다.
　몸을 움직이고, 문장을 읽는 일이
　나를 다시 나답게 만들어 주었다.

딸아, 인생엔 정답이 없단다

딸아,
인생은 길고, 그 어디에도 정해진 정답은 없단다.
그러니 매 순간을 살아가며,
너만의 답을 하나씩 찾아가길 바란다.

사람을 너무 쉽게 믿지 마라.
세상은 따뜻하지만, 때로는 날카롭기도 하단다.

누구에게나 마음을 열기보다는
경계심을 가지고 너 자신을 먼저 지켜야 해.
이건 어른으로 살아가는 인생의 시작점에 있어
꼭 기억해야 할 한 가지란다.

남을 챙기기에 앞서,
먼저 너 자신을 가장 소중히 여겨라.
스스로를 돌볼 줄 아는 사람이
비로소 다른 사람에게도
온전한 마음을 나눌 수 있는 법이니까.

지나간 시간은 다시 돌아오지 않아.
그러니 후회보다는
'지금, 이 순간'에 최선을 다하며 살아야 해.

인생에서 낯설고 힘든 순간은 피할 수 없어.
하지만 사람은 생각보다 강하고,
시간이 흘러 돌아보면
결국엔 더 나은 사람이 되어 있을 거야.

그러니 두려워하지 말고,
마음속에 있는 열정을 따라 도전해 보렴.
그 도전은 분명 너를 더 멋진 곳으로 이끌 거야.

인생을 살다 보면 세상이 등을 돌린 것처럼
느껴지는 순간이 꼭 찾아온단다.

그럴 때, 곁에 조용히 있어 주는 친구가 있다면
절대 놓치지 마라.
그건 돈으로도 살 수 없는 진짜 '인연'이야.

기회는 생각보다 자주 오지 않아.
"나중에 잘하면 돼"라는 말은
결국 지금을 흐리게 만들고 너를 지치게 할 뿐.
기회는 준비된 사람에게만 찾아온단다.

그러니 오늘 하루, 지금, 이 순간에도
너 자신을 믿고 성실하게 살아가야 해.

잘할 수 있어, 딸아.
그러니 오늘도 용기 내어 한 걸음 더 내딛자.

엄마, 덕분에
고단한 하루 속에서도
잘 견뎌낼 수 있었어요

앞으로의 길도
지혜와 용기를 안고
차근차근 걸어갈게요

결국엔, 기어코 행복해질 거야

"행복해질 수 있을까?"라는 물음에
주저 없이 답하고 싶다.

"물론이지, 너는 기어코 행복할 거야."

마치 긴 여행을 떠나는 듯,
오늘도 내일도 어떤 일이 일어날지 알 수 없지만
계획을 세운다.

계획대로 흘러가지 않더라도,
그 하루에 만족하며 웃을 수 있도록
하루의 시작에 조용히 다짐한다.

못해도 괜찮아, 잘 되면 더 좋고.
못 먹어도 Go!

긍정적인 마음가짐이 중요한 이유는
작은 기대 하나에도 마음이 흔들릴 수 있어서다.
기대가 클수록 실망도 커지고,
작은 부정 하나가 쌓여 나를 짓누른다.

그래서, 조금만 내려놓기로 한다.
속도를 늦추고 잠시 뒤를 돌아보니
세상은 여전히 아름답고 평화로웠다.
굳이 복잡하게 나아가지 않아도 괜찮겠구나, 라는
결론에 닿는다.

'좋은 게 좋은 거니까.'

내 삶의 좌우명처럼 자리 잡은 한 문장.

오늘도 그저 무사히 흘러가길 바라며,
마음을 무겁게 하는 부정은 내려두고
긍정의 기운으로 나를 가득 채운다.

그러면 분명,
나쁜 일보다 좋은 일이
조금 더 자주 나에게 찾아올 것이다.

오늘을 잘 살아낸 우리에게

기분 좋은 하루를 보냈으면 좋겠다.
작은 일에도 웃을 수 있길.

그리고 그 웃음이 곁에 있는 사람들에게도
행복한 기운을 전했으면 좋겠다.

우리는, 그래도 된다.

지친 기운은 잠시 내려놓고
신나는 음악을 들으며 실컷 들썩여보자.

가끔은 멍—한 눈으로 흐릿한 시야를 응시하며,
그저 아무 생각 없이 하루를 끄적여보자.

그러고 나서
"그래도 괜찮았어."
스스로에게 조용히 위로를 건네보자.

꼭 거창한 여행이 아니라도,
가까운 곳으로 잠깐 콧바람 쐬러 나가며

'아, 나 살아 있구나' 하고 느끼는 일은
언제라도 너무 멋지다.

지극히 평범한 하루에서
우리는, 그 속에 숨어 있는
행복의 기운을 천천히 찾아낸다.

우리는 행복을 함께

써 내려가는 중입니다

우리는 행복을 함께
써 내려가는 중입니다

최초 발행일 : 2025년 9월 22일

1쇄 인쇄 : 2025년 9월 8일
1쇄 발행 : 2025년 9월 22일

지은이   박지연
펴낸이   이종혁
그림   유수빈

펴낸 곳   일단
이메일   ildanbook@naver.com
출판등록 2022년 11월 1일 제2024-000020호

ISBN   979-11-992554-3-2(03810)

· 이 책은 저작권법에 따라 보호받는 저작물이므로 무단 전재와 복제를 금지하며, 이 책 내용의 전부 또는 일부를 이용하려면 반드시 저작권자와 '일단'의 서면 동의를 받아야 합니다.

· 잘못 인쇄된 책은 구매하신 서점에서 교환해드립니다.